大学生培训实践与社会服务转型

林　静　著

中国原子能出版社

图书在版编目（CIP）数据

大学生培训实践与社会服务转型 / 林静著. --北京：
中国原子能出版社，2023.8
ISBN 978-7-5221-2908-2

Ⅰ. ①大… Ⅱ. ①林… Ⅲ. ①大学生–社会服务–研
究–中国 Ⅳ. ①D432.6

中国国家版本馆 CIP 数据核字（2023）第 160768 号

大学生培训实践与社会服务转型

出版发行	中国原子能出版社（北京市海淀区阜成路 43 号　100048）	
责任编辑	白皎玮	
责任印制	赵　明	
印　　刷	北京天恒嘉业印刷有限公司	
经　　销	全国新华书店	
开　　本	787 mm×1092 mm　1/16	
印　　张	8.75	
字　　数	220 千字	
版　　次	2023 年 8 月第 1 版　2023 年 8 月第 1 次印刷	
书　　号	ISBN 978-7-5221-2908-2	定　价　**68.00** 元

发行电话：**010-68452845** 　　　　　版权所有　侵权必究

前 言

一、研究目的与研究意义

（一）研究目的

（1）本研究以大学生培训实践课程为出发点，本着实践性、可操作性、系统性与动态性相结合的原则，将大学生的培训实践领域拓展至社会服务，并深入研究二者融合与发展的路径和可行性。

（2）本研究将大学生社会服务的入口与学校实训实践课程紧密相连，将其出口与公益创业相衔接，探索大学生社会服务的转型路径与社会支持系统，从而构建相对完整的"学—训—创"一体化流程与体系。

（3）本研究探索区别于传统商业和慈善公益的公益创业领域，致力于帮助学生在这一过程中塑造服务社会的正确价值观，增强社会责任感。通过研究公益创业的可行性和社会服务基础的重要性，还可以提高大学生的社会实践能力和动手能力。

（4）通过研究大学生社会服务实践向公益创业转型的具体路径，拓展大学生社会服务成果的实践空间和作用领域，为大学生社会服务实践活动寻找新的输出端口和延伸领域。

（5）通过研究公益创业转型路径中的社会支持体系，可以提高大学生的关注度与积极性，为缓解大学生就业压力提供具有可行性的择业选项。

（二）研究意义

1. 理论意义

聚焦大学生培训实践与社会服务转型，探索社会服务实践向公益创业转型的路径和社会支持体系，有利于丰富大学生就业新形态的研究理论，完善大学生新形态就业过程中的安全感保障。此外，将社会服务与公益创业相衔接，从理论层面探索大学生社会服务的价值延伸领域，可为后续相关实证研究奠定理论基础。

2. 现实意义

对学生而言，有利于正确把握就业新形态的发展方向，提高对社会服务和公益创业的热情，激发高校毕业生从事新形态就业的内生动力，缓解大学生就业难的现实困境；对高校而言，可以完善高校的教育培训体系，强化师资队伍建设，加强高校与企业的合作和对社会需求的应答，树立良好的公益口碑；对社会而言，有利于提高大学生社会服务品质，助力社会和公益事业的发展，完善就业新形态的成长环境。

二、研究成果与主要结论

本书是湖北省高等教育学会 2022 年度学会共同体建设项目专项一般课题《大学生社会服务向公益创业转型的路径与社会支持体系研究》（课题编号 2022XD107）的成果之一，在此，非常感谢湖北省高等教育学会的支持与帮助。

本书共分为三个部分，分别从大学生培训实践课程、大学生社会服务和大学生社会服务转型公益创业三方面对大学生实践培训与社会服务转型问题展开讨论。

（一）大学生培训实践课程

大学生培训实践课程作为当下各大高校都普遍开展的实践实训课程当中的一个细小分支，如果只是局限于人力资源管理专业中的培训工作，对学生而言，发展空间太小，而且对企业、对社会的贡献意义也有限。因此应当考虑到培训的普适性和特殊性，在培训实践课程中融入社会服务等思政元素，从理论知识、技能水平和思政素质三个方面四个层次评估培训实践课程的开设效果，并且为大学生培训实践课程挖掘有效的转化输出渠道，以实现课程链的完整和高质量。具体的转化输出渠道包括角色模拟与朋辈辅导、实训软件和社会服务实践，每个渠道各有利弊，都对大学生培训实践课程的发展有重要的作用。

（二）大学生社会服务

大学生社会服务由来已久，且已经在国内取得了一定的发展。大学生社会服务的功能毋庸赘述，同时也应该看到目前大学生社会服务也存在着各种弊端和阻碍，尤其是近几年受疫情影响，大学生的线下社会服务发展遇到阻滞。面对这些情况，我们可以充分利用互联网的强大优势和大学生群体对于网络的熟悉度，将社会服务转至线上，今后也可以继续沿用线上线下相结合的社会服务模式。

目前已经有很多高校将培训实践课程与社会服务和公益活动相结合，鼓励学生运用自己的专业知识，为社会作出积极贡献，这也给大学生公益创业提供了很好的平台和基础。

（三）大学生社会服务转型公益创业

大学生社会服务向公益创业转型，不仅有利于拓宽就业途径，减轻大学生的就业压力，缓解公益人才短缺与大学生就业难之间的矛盾；还可以实现公益创业与大学生群体之间的供需互助；也可以弥补大学生公益社团活动和社会服务的自身缺陷。当下大学生公益创业存在诸多困境：大学生自身素质不强，难以胜任；高校无法提供完善的公益创业教育；政府的支持力度有限；社会的公益氛围不浓厚；等等。对此，大学生、高校、政府、社会应该通力合作，共同推进大学生社会服务向公益创业的转型之路。

在大学生社会服务向公益创业转型的过程中，还需要有和谐配套的社会支持系统做支撑：需要高校发挥教育引导作用，提供完善的公益创业教育，为大学生的公益创业之路提供指导；需要政府提供政策和法律保障，降低准入难度，加大监管力度；需要企业通过直接或间接的方式提供资金支持；需要媒体在公益宣传中发挥积极作用，共同推动社会形成公益创业的有利环境。

三、未来展望

在大学生培训实践课程的三种转化渠道中，社会服务是对学生未来职业、对社会未来发展、对高校未来教育导向都有积极作用的一种。而大学生的社会服务活动如果只是常年处于零散状态，对公益事业而言是无法发挥最大作用的。因此，公益创业是大学生培训实践课程与大学生社会服务的未来趋势。

作为一种成长中的公益形态，公益创业发展并不如商业创业发展得成熟，很多公益创业项目都存在规模不大、资金来源比较单一、营利能力比较薄弱的问题，但也有一些特定类别的公益创业项目已经找到实现盈利的适合方式。目前对公益创业项目的评价标准和机制尚不完善，能否实现可持续发展极为关键。未来大学生公益创业项目可以靠借鉴成熟商业模式走社会创业之路；也可以靠吸引更多的志愿者加入，来不断壮大和提高社会影响力；还可以通过公益创业的创新模式，提高已有的服务质量。殊途同归，共同实现大学生公益创业项目的可持续发展。

目　录

第一章　大学生培训实践课程

第一节　课程简介

一、课程基本情况介绍

培训与开发是人力资源管理的六大模块之一，即使是在流行人力资源三支柱理论的当下，其仍然是人力资源管理工作中的重要一环，对于人力资源管理专业而言，"培训与开发"课程是人力资源管理专业课程体系中应用实践性较强的课程之一，要求学生不仅要熟练掌握理论知识，更要将理论娴熟运用于实际工作中。随着用人单位对培训工作的逐渐重视以及对员工培训技能需求的日益提高，倒逼高校必须要逐步丰富课程内容，尤其重视对学生技能的培养。因此，在大多数学校人力资源管理专业的培养方案中，除了"培训与开发"课程外，还有"培训与开发实训"等类似的实践课程作为辅助，理论与实践相结合，全方位加深学生对专业知识的理解，提高学生的就业能力。

大部分高校的"培训与开发"课程采用 32 课时、2 学分制，开课于大学二年级或三年级，是人力资源管理专业必修课之一。课程内容以培训的基本流程为主线，包括培训需求分析、培训计划、培训实施及培训评估四大部分，主线中贯穿培训与开发导论、学习的基本理论、培训方法分析、培训师的选择与内部培训师队伍建设、课程体系设计、培训外包、人力资源开发与职业生涯管理等章节。此外，本课程还结合当下互联网、大数据、新媒体的特点及未来发展趋势，向学生详细介绍了互联网＋培训的利弊与处理方法及新时代下培训的数字化转型之路。

相较于"培训与开发"理论课程，"培训与开发实训"课程的操作空间和开展模式更加灵活和多元化，可以采用情景模拟、软件操作，甚至有条件的学校可以组织学生到实习实训基地开展实地调研和实习实训等活动，体现了实践课程的实操性和灵活性。

以本校的人力资源管理专业为例，"培训与开发"及其相关实践课程在专业人才培养方案中的定位准确，课程教学目标清晰，课程建设规划科学合理。课程配套教材、教辅资料齐全，符合教育部教学指导委员会对课程的基本要求及学校的人才培养方案。课程以多媒体为基本教学手段，综合运用网络教学平台和新媒体，线上线下相结合，开发网络教学资源，采用讲、查、做、演、论"五位一体"的教学方法，方便学生随时随地学习。近年来，本课程从教学内容到教学方式经过多次改革，更加注重学生的基本技能训练，拓宽培训工作可运用的场景，增加学生的实践机会，联系学生专长与科研发展，为学生提供多种形式、多种渠道的实践练习，并取得了较好的效果与评价。

二、教学目标

（一）价值目标

（1）增强学生"本领恐慌"的危机意识，帮助学生建立终身自律学习的正确态度，树立正确的培训价值观和科学伦理观，实事求是、脚踏实地，将个人所学应用于社会服务中去，尽一己之力回报社会。

（2）通过课程学习，培养学生领会"需求分析—培训计划—培训实施—培训效果评估"的培训思维模式，实现知识传授、能力培养、思政育人的紧密结合。

（二）知识目标

（1）熟悉培训与开发工作流程及具体要点。

（2）熟知培训与学习的重要性、培训迁移的方法、培训与开发的异同。

（3）理解培训师的选拔与培训外包的应用。

（4）了解各种培训方法的优缺点及适用条件。

（5）理解培训课程体系的内容及设计要点。

（6）了解培训与职业生涯发展规划的关系。

（三）能力目标

（1）学习与领会培训与开发中关键点的创新思维方法，学生能够将基础知识熟练应用于实践分享场景，解决实际问题。

（2）通过对实践分享任务的思考与讨论，提升学生发现问题、解决问题的能力，向社会人才需求靠拢。

（四）思政育人目标

企业对培训岗位的人才需求量是有限的，但个人对培训和学习的需求应当是无限的。尤其在时代发展日新月异的今天，网络成为了年轻人的主战场，网络对学生的吸引力毋庸置疑，然而如果只是将知识从书本搬到网络上，并不能达到互联网＋时代课程思政的期望。我们需要调动学生的主动性，让学生成为互联网平台的主要使用者和最终受益者。因此，本课程的思政育人目标之一便是充分利用学生对互联网的熟悉度和使用信息技术手段的优势，加强网络舆论引导、提高学生学习兴趣与自主性，引导学生独立完成思政素材的搜集与整理，利用互联网平台检验学习成果，发挥学生在课程思政中的主导作用。

另一方面，本课程还有一项重要任务就是帮助学生为学到的思政知识找输出端口。鼓励学生运用自己的特长，将所学的思政精神贯穿自己的大学生涯，通过社会服务等各种方式培训他人，回报社会，同时也锻炼和打磨了自己的本领，实现社会、学校和个人的各方共赢。

三、教学内容与目标成果

（一）课程设计原则

课程设计围绕"创新、实用、生动"的基本原则。创新表现在创新教学模式及实践空间，改变传统课堂讲授方法，融入知识共享，将学生的实践领域从企业扩展到社会服务，变幻课程形式，吸引学生学习；实用体现在实践分享环节需要学生真实动手去完成，且将成果发布于互联网或新媒体上供大家评阅，实现师生互评、生生互评、观者共评，参与的过程便是提高就业能力的过程；生动体现在基础理论教学中的案例分析与实践分享中的互动设计，互动成分占比提高，调动了学生的积极性，对授课水平和教学技巧也提出了更高的要求。

（1）积极响应"三全育人"与"大思政"理念，做好"五个思政"课程改革创新，引导学生在学习学科知识的同时，树立正确的三观，服务于社会、贡献于社会。

（2）转换角色。要求学生不仅要以"培训者"的身份学会培训工作的相关知识，更要以"受培训者"的角色时刻保持学习的热情与动力。

（3）放宽视野，放大格局。培训与开发工作不局限于企事业单位，而是渗透于社会中的各个领域。

（二）教学内容与教学方法

1. 教学内容与方法

本课程秉持"以学生为主体、理论与实践并行"的一体双翼思想，依照成人学习"重实效、重反馈"的特点，将课程内容分成基础理论与实践分享两部分。其中，基础理论为基础理论知识，实践分享则是让学生选定大任务中的特定角色，根据角色要求，单独或团队完成相应任务，并最终合力完成大任务。教学方法上采用讲（课堂讲授）、查（学生查阅资料）、做（小视频、课件、实践）、演（学生表演展示）、论（讨论、论文）五位一体的教学方法，引导学生积极参与和体验。

表1　教学内容及教学方法总览

教学内容	具体内容	教学方法
理论知识	导论、学习理论、培训需求分析、培训计划、培训实施、培训效果评估、培训方法、课程体系设计、培训外包、培训师选择与内部培训师队伍建设、职业生涯管理等	线下：知识讲授（讲、做） 线上（学习通平台）：案例分析、思政故事等（查、论）

教学内容	具体内容	教学方法
实践分享	学生选定大任务中的一个角色,根据角色要求,单独或团队完成相应任务,并最终合力完成大任务	线下:任务结果分享(演、做) 线上(学习通平台、新媒体平台等):师生互评、生生互评、观者共评等(论)

表 2　教学内容与教学方法明细

章节	课时	教学内容	教学方法
第 1 章 导论	4	1.1　人力资源培训与开发的概念及发展 概念、类型、发展历程 1.2　地位与意义 与其他人力资源管理模块的关系、在企业人力资源管理中的意义 1.3　我国培训开发的现状与发展趋势 我国人力资源培训开发的现状、新趋势 1.4　培训与开发流程	课堂讲授、案例分析与讨论、线上线下相结合(讲、查、论)
第 2 章 学习理论	4	2.1　培训与开发理论的发展历程 传统理论时期、行为科学理论时期、系统管理理论时期、学习型组织理论时期 2.2　学习理论 主要学习理论、成人学习理论 2.3　培训迁移 学习迁移、培训迁移	课堂讲授、案例分析与讨论、线上线下相结合(讲、查、论)
第 3 章 培训需求分析	6	3.1　培训需求分析导论 培训需求分析的概念与特征、培训需求分析的意义、培训需求分析应遵循的原则 3.2　培训需求分析的模型 戈德斯坦三层次模型、差距分析模型、前瞻性培训需求分析模型、胜任特征培训需求分析模型 3.3　培训需求分析的方法 3.4　实践分享	课堂讲授、案例分析与讨论、实践分享、线上线下相结合(讲、查、做、演、论)
第 4 章 制订培训计划	6	4.1　培训目标的设定 培训目标的含义及内容、培训目标设置的原则及意义 4.2　培训计划的内容与流程 培训计划导论、培训计划的设计流程 4.3　培训设计的拟定 培训计划拟定的要求与影响因素、培训计划拟定的依据与原则、培训计划拟定的步骤 4.4　培训方法与技巧的运用 培训方法的选择、授课能力与技巧的运用 4.5　内部培训师与外部培训师 4.6　培训外包 4.7　实践分享	课堂讲授、案例分析与讨论、实践分享、线上线下相结合(讲、查、做、演、论)

章节	课时	教学内容	教学方法
第5章 培训实施与管理	4	5.1 培训计划实施的要素 培训计划实施的影响因素、构成要素及意义 5.2 培训计划实施的过程管理 前期准备阶段、实施阶段、评价阶段 5.3 培训计划实施中存在的问题 5.4 实践分享	课堂讲授、案例分析 与讨论、实践分享、 线上线下相结合 （讲、查、做、演、 论）
第6章 培训效果评估	4	6.1 培训效果评估导论 效果评估的理念及类型、评估的内容与方法、评估的意义、评估的流程 6.2 培训效果评估模型 评估模型的种类、评估的难点 6.3 培训成果的转化 培训转化的障碍分析、培训转化的具体影响因素、培训转化的原则、培训转化的提升措施 6.4 实践分享	课堂讲授、案例分析 与讨论、实践分享、 线上线下相结合 （讲、查、做、演、 论）
第7章 培训与职业生涯 发展管理	4	7.1 职业生涯管理导论 职业生涯规划的概念及意义 7.2 职业生涯管理理论 特质论、霍兰德职业性向理论、沙因职业锚理论 7.3 组织职业生涯规划 组织职业生涯管理的发展阶段、组织职业生涯管理的意义、管理方式及管理步骤	课堂讲授、自测与讨 论、线上线下相结合 （讲、查、做、论）

尽管深知锻炼学生实践能力的重要性，但由于培训与开发工作的特殊性和时效性，企业无法同时接纳所有学生参与其内部开展的培训或开发工作，这便给学生的实践带来阻碍。为此，我们及时转换了实践场景，将学生本门课程的实践范围从企业扩大到所有涉及培训工作的社会活动中。学生群体规模大、服务意识强、精力充沛、时间充足，是当下社会服务工作的主要生力军，况且随着社会的和谐发展，社会服务理念逐渐深入人心，越来越多的社会团体开始拓展社会服务功能，接纳社会服务活动。因此，课程每年设计一款与当下时政热点相结合的培训类社会服务任务，由学生在学习完理论知识之后自主商量合作完成。完成的过程中便会涉及培训需求分析、培训计划制订、培训活动的实施及培训效果评估几个重要方面及其他基础知识的应用。这样既能锻炼学生的实践能力，又能为社会服务贡献一份力量。

2. 教学重难点

（1）教学重点：培训与开发工作流程及具体要点。

（2）教学难点：需求分析方法的选择、需求分析结果处理、培训方法的选择、培训师筛选。

（3）对重点、难点的处理：设计实践分享环节，并将该环节与社会服务相结合，让学生在实践中自己发现问题、解决问题，增强对问题的深入理解。

3. 课程内容与目标成果

本课程的主要内容与目标成果设计如表 3 所示。

表 3　课程设计具体说明

模块	课时	课程内容				目标成果
		主要内容	辅助理解	课程思政元素 [1]	实践分享	
一	4	导论	① 知名企业家对培训的观点及具体的做法； ② 培训与接受培训同等重要的案例	本领恐慌、学无止境		① 掌握培训与开发的相关概念； ② 理解培训的重要性； ③ 明白终身学习和接受培训的意义
二	4	学习理论	① 行为主义理论与学习有关的实验； ② 学习与记忆的技巧	责任担当、职业道德		① 掌握学习、记忆和迁移的原理； ② 理解学习的规律及教授时的伦理道德界限
三	6	培训需求分析	① 数据统计与分析方法； ② 脱贫攻坚战："精准"扶贫案例（精准的扶贫需求）	实事求是、科学精神	以小组为单位，寻找目标群体获得培训需求并分析结果	各小组讲解自己的需求分析过程及结果。包括需求分析的方法、结果、对象等内容
四	6	制订培训计划	① 内外部培训师与培训方法的选择； ② 十四五规划新征程及二十大精神解读	科学决策、家国情怀	各小组根据上一步需求分析的结果制定详细的培训计划	各小组讲解详细的培训计划。计划要体现出需求分析结果的应用、SMART 原则，及危机预案
五	4	培训实施与管理	① 激励的理论与方法； ② 实施过程中的意外与危机处理	空谈误国、实干兴邦	小组成员各司其职开展培训	各小组模拟培训现场。要考虑培训师和培训方法的选择与应用、激励受训者参与和投入的策略等
六	4	培训效果评估	培训成果可转化的领域	志愿服务、回报社会	向相关人群收集信息展开效果评估	各小组展示评估结果，指出可转化渠道
七	4	培训与职业生涯发展管理	① 职业性向测验； ② 相关心理测验	大国工匠，匠心筑梦		经过课程学习与实践，判断自己擅长的工作领域或是否适合做培训工作

注：[1] 授课时将在每章节中融入课程思政内容，具体每章节课程思政教学目标体系见表4。

四、课程挖掘的思政资源分析

（一）思政元素分析

总体来说，"培训与开发"及其相关实践课程是关于学习及如何授人以渔的课程，因此"教与学"是贯穿本门课程的核心线索，这也使"本领恐慌""终身学习""工匠精神""志愿服务"以及科学学习观、人生观、价值观等成为了本课程的重要思政元素。具体说来：

（1）"培训与开发"课程是对"本领恐慌""终身学习"和"工匠精神"的充分体现，不论学生将来作为培训师还是受训者，都离不开"学习"这一终身话题。

（2）引导大学生树立科学正确的学习观、价值观、世界观、人生观是本门课程思政的重点方向。作为培训师要根据目标对象的需求传递正能量知识，作为受训者要有正确的价值观，选择要学对自身发展有利，对国家建设有益的知识。

（3）培养大学生实干、奋斗与回报社会的志愿精神是课程思政建设的主要目标。培训与开发的适用场所并不局限于企事业单位，还有很多有需要的人迫于各种限制无法得到想要的知识，大学生应发挥年轻人在时间、精力、网络资源等各方面的优势，投身志愿服务，回报社会。

本课程思政教学目标体系具体如表 4 所示。

表 4　课程思政教学目标体系

一级维度	二级指标	课程思政教学目标
本领恐慌、学无止境	培训是授人以渔也是增强自身本领的过程，只有不断学习和接受培训，才能为实现中国梦出一份力	改变大学生"学到毕业为止"的思想，提升大学生需终身自律接受培训的危机意识
责任担当、职业道德	学习理论的应用是一把双刃剑，做培训工作要深知利害，担当责任	树立正确的价值观，在工作中时刻警惕学习理论的负面应用
实事求是、科学精神	跟数字打交道的工作需要严谨求实的工作作风；工作要对症下药才能事半功倍	建立和践行科学观念，坚持学术诚信。把好源头，理清需求

续表

一级维度	二级指标	课程思政教学目标
科学决策、家国情怀	增强决策的科学性和时效性,明白中国的发展离不开科学决策与决策者的家国情怀	计划制定过程中要结合任务背景,怀揣家国情怀,慎重设计每一步
空谈误国、实干兴邦	中国的建设与发展绝不是仅停留在计划上,实践中出真知,摸索中出真理	强调任务实践的重要性,学生对任务和工作要全身心工作,不要应付而为
志愿服务,回报社会	志愿服务是社会文明进步的重要标志,大学生要树立正确的社会责任意识,力所能及回报社会	培训工作要考虑效果转化的意义,优先选择能持续推广并且对社会有益的成果共享
大国工匠,匠心筑梦	打造匠心,培养大国工匠,为中国梦的实现培养优秀人才	帮助学生树立正确的职业观,不可好高骛远,应脚踏实地,秉持匠心,大事做细,小事做好

(二)思政元素举例

1.“培训与开发导论”与“终身学习的人生意义”

开篇一章“导论”,内容包括相关概念解析、培训开发在企业中的地位与意义及我国培训开发的现状与趋势。本章中加入了知名企业领导者对于培训的观点及其生平伟绩,比如:被誉为“领导学大师们的院长”的著名企业管理学教授沃伦·本尼斯(Warren G.Bennis);被誉为“全球第一CEO”的杰克·韦尔奇((Jack Welch);家喻户晓的比尔·盖茨(Bill Gates);声名显赫的日本松下电器创始人松下幸之助(Konosuke Matsushita);以及中国早期和新生代的优秀创业者们。通过与学生探讨企业的社会责任、终身学习的必要性、学习在寻找人生意义与人生奋斗中的重要作用等,帮助学生树立正确的学习观。

2.“培训需求分析”与“扶贫策略”

培训需求分析是培训流程的第一步,也是非常重要但又经常被忽略的一步。为加深学生理解,巩固记忆,这一章的学习中加入了我国精准扶贫的相关案例,以‘精准’凸显需求分析的重要性。扶贫工作开展的诸多年中,不断涌现出一批批优秀的扶贫干部,他们的成功与优秀无一不是具有独特性与创新性的,照搬、模仿从不是解决贫困的根本途径。只有深入了解每个贫困户、贫困村、贫困地区的实际需求,对症下药,才能从根本上解决贫困思想,落实脱贫政策。

3. "培训与开发的概念"与"本领恐慌"

早在延安时期，毛主席就指出，"我们队伍里边有一种恐慌，不是经济恐慌，也不是政治恐慌，而是本领恐慌。"①他意在告诫广大党员干部要抓紧学习，增强本领，迎接革命建设的新挑战、新机遇。当时他还把学习形象地比喻成"开铺子"，"本来东西不多，一卖就完，空空如也，再开下去就不成了，再开就一定要进货。"②当今社会，新学科层出不穷、新知识高速倍增，知识总量以爆炸方式快速增长。一个经过4年高等教育培养的大学生，走上社会能运用的知识仅占全部需要知识的20%，倘若不及时增补新知识，原有的20%也会在4年中消耗"贬值"。立身以立学为先，立学以读书为本。作为祖国未来建设者中的一员，必须要时刻警惕本领恐慌，而面对本领恐慌，唯一的出路就是学习，就要像毛主席说的那样不断"进货"，终身学习。要把外在要求转化为内在自觉，将主动学习培养成一种兴趣习惯，努力做一名勤耕不辍的笃学者，做一个身体力行的实践家，用持之以恒、水滴石穿的韧劲不断提高自己。

4. "培训师的工作"与"职业精神"

抗战时，战士们会在休养生息的时间里学认字，学写字，学会了便给家人写信。但战火烽烟的情况下信不一定能寄到，那教员为何还要去教他们认字、写字？是为了缓解他们的思乡之苦，更是为了坚定他们战斗的信心。因此，培训工作不能仅盯住利益点，不能仅关注流行趋势，应该实实在在地帮助有需要的人解决问题，而这种帮助不一定能给培训者带来切实的收益，那么你是否愿意尽自己所能投身社会志愿服务？

五、课程意义

（一）适用范围广

社会生活中任何与教育和学习有关的内容均与培训有关，即使学生毕业

---

① ② 引自毛泽东同志1939年在一次干部教育大会上的讲话。

后不从事人力资源培训与开发类的工作，也摆脱不了受训者和学习者的角色。"培训与开发"及其相关实践课程对学生终身学习及个人职业生涯的发展规划与成长均有重要作用：能使我们克服工作中的困难，解决工作中的新问题；能满足我们生存和发展的需要；能使我们得到更大的发展空间，更好地实现自身价值；能充实我们的精神生活，不断提高生活品质。

党的二十大报告中提出，推进教育数字化，建设全民终身学习的学习型社会、学习型大国。我国"十四五"规划纲要中也提出要加快数字化发展，建设数字中国。这些政策文件不仅强调了教育数字化的重要性，也提出了共同打造终身学习型社会的目标。终身学习理念是让学习贯穿于人的一生，在更好适应社会经济全面发展的基础上不断学习。在数字技术日新月异的今天，云计算、大数据、人工智能、区块链等数字技术已逐渐渗透到社会经济发展的各个方面，人们对于知识的学习已不再局限于特定的时间和空间之内，数字技术为实现时时处处、可学可考的学习环境提供了无限可能。

（二）多元化的教学方法

课程采用讲（课堂讲授）、查（学生查阅资料）、做（小视频、课件、实践）、演（学生表演展示）、论（讨论、论文）"五位一体"的教学方法，引导学生积极参与和体验。

1. 有利于掌握学生的心理特点

运用多元化教学方式能够更好地帮助教师制定不同的教学方案，从而更好地了解学生的心理特征。教师在课前制定良好的教学方案及储备充足的知识量，通过将不同的教学方案应用在课堂中可及时发现学生更喜欢的教学方式，帮助教师尽快找到适合学生的教学方式，提升课堂教学效率，保证教学质量。

2. 有利于营造良好的课堂氛围

传统的课堂教学方式比较刻板单一，课堂氛围呆板，对学生的学习影响并不大。通过运用多元化的教学方式能够帮助教师在教学手段上进行转变，让学生拥有直观感受的同时，更好地引起他们的学习兴趣，从而活跃课堂氛围，调动学习积极性；同时，对学生的智力开发也有着良好的作用。

3. 有利于体现现代教育的多样性

随着互联网技术与新媒体的不断发展，越来越多的科学技术开始与现代教育相融合。将科学技术融入到课堂教学中，能够更好地达到教学目的，而且教师可以利用多媒体、网络等手段找到不同的教学资源，能够使教学的多样性得以充分地体现。因此，运用多元化的教学方式，能够更好地帮助教师掌握和利用各种教学手段，提升自身教学能力的同时，也促进了学科的发展。

（三）实用性强

本课程与行业和岗位工作结合紧密，且随着越来越多企业对员工培训与开发及学习型组织的重视，学生在这方面的实践能力也将日益受到青睐。本课程的实用性还体现在实践分享环节需要学生真实动手去完成，且将成果发布于互联网或新媒体上供大家评阅，实现师生互评、生生互评、观者共评，参与的过程便是提高就业能力的过程。

（四）案例课程具有创新性

具体表现如下。其一，创新教学模式及实践空间，改变传统课堂讲授方法，融入知识共享，将学生的实践领域从企业扩展到社会服务，变幻课程形式，充分调动大学生在社会服务方面的优势，体现"实干报国"与"志愿服务"的思政思想。其二，实践分享环节的任务与时政重大事件、热点事件相结合，体现前瞻性与技术先进性。其三，本课程充分调动大学生在社会服务方面的优势，也正在逐步挖掘有效资源，使本门课程能够成为大学生参加社会服务、回报社会知识报国的桥梁。

（五）课程思政元素鲜明

本课程是对"本领恐慌""终身学习"和"工匠精神"的充分体现。能够激起学生的情感共鸣，激发学生的学习动力，促进学生对知识的理解和掌握。

1. 加强思政教育是党和国家在新形势下对高等教育的新要求

2016 年 12 月，习近平总书记在全国高校思想政治工作会议上强调："高校思想政治工作关系高校培养什么样的人、如何培养人及为谁培养人这个根本问题。要坚持把立德树人作为中心环节，把思想政治工作贯穿教育教学全过程，实现全程育人、全方位育人，努力开创我国高等教育事业发展新局面。"①放眼世界格局风云诡谲，全球化、信息化高速发展，我国正处于全面建成小康社会的决胜阶段，对学生进行社会主义核心价值观的培育和践行势在必行。

2. 课程思政可以使各类课程与思想政治理论课形成协同效应

课程思政的构建与实施将思政教育与专业教育进行了有机融合，是各学科协同发展的有效切入点。而在这一过程中，教师则要负担起传播社会主义核心价值观、培育当代大学生马克思主义理想信念的使命担当。

3. 课程思政有助于提升专业课的教学效果

一方面课程思政元素的融入有助于强化学生的学习动机，提高学生上课的抬头率，引导学生认识到学习的重要性和价值，从而形成勤奋刻苦的内驱力，进而提高学习效果。另一方面，课程思政元素的融入也提高了专业课教学的吸引力，多种教学方法的运用加上人文和情感因素的结合，让知识的传授更有感情，更具有吸引力。

（六）反思与需要进一步解决的问题

（1）持续完善课程内容，深入挖掘课程思政元素，结合互联网与新媒体优势与学生群体特点，体现课程的前瞻性与先进性。

（2）搭建本课程实践平台，发挥学生的社会服务功能与志愿服务精神，体现本课程的实践性与服务性，同时结合网络渠道，创造社会效益与品牌形象。

（3）改进课程考核方法，体现实践与思政效果，加重总成绩中的实践成绩权重，同时建立包括学生评价、考试结果、行为改变及社会效益在内的综合课程思政建设质量评价体系。

（4）为学生实践提供便利，本课程的实践环节可与该学期的认知实习相结合，变幻课程形式，融入知识共享，将成果发布于互联网或新媒体上实现师生互评、生生互评、观者共评。

---

① 引自 2016 年 12 月习近平总书记在全国高校思想政治工作会议上的讲话。

（5）结合互联网时代特点，打造互联网＋课程思政的新模式。立足学生视角，注重学习体验，精心制作思政素材；基于学生阅读习惯，利用互联网平台，配套新形态教材；以混合式教学活动为手段，将信息化手段运用于教与学的全过程。

第二节　课程效果评估

课程效果评估是课程体系建设中不可缺少的一部分，通过运用作业反馈、课堂讨论、网上交流等方式，可以发现课程教学是否基本达成了知识传授、能力培养与思政育人的教学目标，是否辅助学生实现了基础知识和专业知识的迁移与运用，是否提升了学生的思考能力和思政观念，是否增强了学生对专业的认同感。同时也可以反映出学生在分析问题时需要进一步解决的短板。通常课程评估环节会包括平时成绩和期末考试成绩两部分，其中平时成绩由课堂出勤率、平时作业等部分构成，期末考试成绩由本课程的结课考试成绩构成，二者比例大致为30%和70%。此外，评估课程效果的指标通常还包括学生评教、同行评教和上级督导评教等。然而对于实践类课程而言，这样的效果评估指标体系是不够的，还应该重点考虑学生的实践操作能力和实战技能，并在其中融入对课程思政建设效果的评估，在检验学生动手能力的同时，考验学生的思想政治表现。接下来，本书将把实践课程评估与课程思政建设评估相结合，探索实践课程的建设效果评估模型与评估体系。

互联网的快速发展已经对高校学生产生了广泛的影响，迫使高校急需通过深化教学改革实现对高校学生的价值引领和人格培养。习近平总书记早在2016年全国高校思想政治工作会议上就已经强调，要运用新媒体信息技术使工作活起来，推动思想政治工作传统优势同信息技术高度融合，增强时代感和吸引力[1]。然而随着互联网的高速发展和世界多元文化的强烈冲击，高校思想政治教育工作也面临着非常严峻的挑战，课程思政建设效果评估缺失便是其中一项丞待解决的迫切问题。目前，课程思政改革工作正如火如荼地开

---

[1] 引自2016年12月习近平总书记在全国高校思想政治工作会议上的讲话。

展，然而对实施效果的检验手段却比较单一：往往只是考核思政元素的匹配度、丰富度和覆盖度，而对学生的接受度、应用情况以及是否带来更深远的社会效益等方面的考核较少。2020年《高等学校课程思政建设指导纲要》中指出：要形成科学的课程思政评价标准。注重"课程思政"建设及实施成效，并将其作为学科评估、双高计划、绩效考核等方面的重要内容。显然，增强学校和任课教师在思想政治教育中的引领力，构建合理的课程思政实施效果评估体系势在必行。

一、柯氏理论的概念界定与运用误区

柯氏四层次评估理论（简称柯氏理论）是由国际著名学者唐纳德.L.柯克帕特里克（Donald.L.Kirkpatrick）于1959年提出的，是世界上应用最广泛的培训评估工具，在培训评估领域拥有难以撼动的核心地位。课程思政建设是将思政元素融入课程，传授给学生并帮助学生消化吸收的过程，在本质上与培训具有相同的原理和流程，可以说根本上就是一种培训。因此以柯氏理论为基础探讨课程思政建设效果评估体系具有很强的可行性和实用性。

柯氏理论将评估分为四个层次，分别是反应层（评估被培训者的满意程度等）、学习层（评估被培训者的学习获得程度等）、行为层（考察被培训者的知识运用程度等）和成果层（计算培训创出的经济效益等）。后来也有学者在此基础上发展了第五个层次，即投资回报率（ROI），通过考察投资的获利能力揭示利润水平，反映资产的使用效果。

随着柯氏四层次模型在培训效果评估中的广泛应用，使用中的误区也越发凸显，例如大多数评估工作中只进行到了反应层和学习层，并未推进到行为层和效果层；或者认为该模型只能针对一般项目进行评估，忽略了其在复杂项目中的完成效果；又或者评估的结果与教学设计、胜任特征以及绩效管理等毫无关联。上述误区也是本研究中重点探讨和试图解决的，基于柯氏理论的实践类课程建设效果评估体系更重视学生学习之后的成果转化，而非简单评价，即更注重深层次评估工作的开展以及评估效果在后期建设中的综合运用。

二、基于柯氏理论的课程效果评估模型建设——以培训实践课程为例

培训实践课程是人力资源管理专业的核心专业课程，基于柯氏理论的课程效果评估模型的构建有利于完善本课程的课程建设体系，凸显育人本质，做好知识传授、能力培养与价值引领的统一，并检验人才培养的效果。

基于柯氏理论的课程评估模型共包含三个维度和四个层次，如图1所构建的三维模型可以有效解释三个维度与四个层次之间的关系。

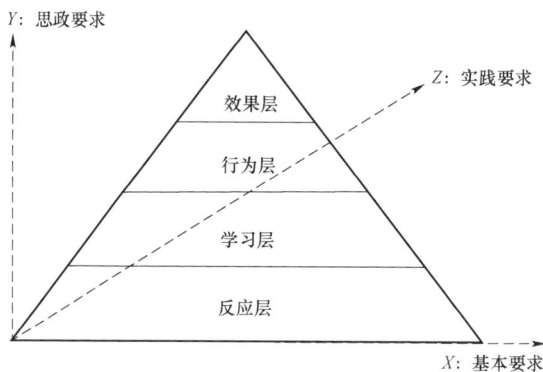

图 1　课程效果评估三维模型

图中，X轴基本要求指学习课程之后，学生在沟通能力、表达能力、团队合作和基础知识等方面的获得与进步；Y轴思政要求指学习课程之后，学生在社会责任感、家国情怀、奉献精神等方面的成长与进步；Z轴实践要求指学习课程之后，学生在动手能力、创新能力、服务能力等实践能力和技能方面的掌握与进步。这三个维度相辅相成，相互促进，共同构成对基本素质、知识技能和价值观等方面的评估和监测。四个层次依次递进，在三个维度上的具体要求各不相同，考核方式和评估工具也不相同。

（一）反应层

反应层主要是观察学生学习后的反应，包括是否喜欢该课程、认为该课程对自身是否有用、以及对教师和教授方式的意见等。采用的评估方法主要是问卷调查或评估表格和访谈法。反应层要求任课教师能够将思政元素与理

论知识进行初步结合，在授课中穿插思政案例，逐步激发学生学习兴趣，让学生对思政元素有基础感悟。

以培训实践课程为例，在反应层方面主要以问卷调查法或访谈法搜集学生对本课程的满意度和效果评价。

在对本课程通过问卷调查法和访谈法进行调研时得到学生对教材、老师、设施、方法和内容等方面的不满意之处包括：教材中课程思政内容体现不多；思政案例与其他课程有重复或已经听过，不够新颖；案例的讲授方式比较单调；有的案例略显牵强；此外，学生还表示课堂讲授的思政元素并无后续的持久跟踪，全凭个人吸收消化和自我改进，在考试、竞赛、项目等中并没有对这方面的特殊考核和要求，如图 2 所示，这些方面也将是实践课程后续改革建设的阶段目标。

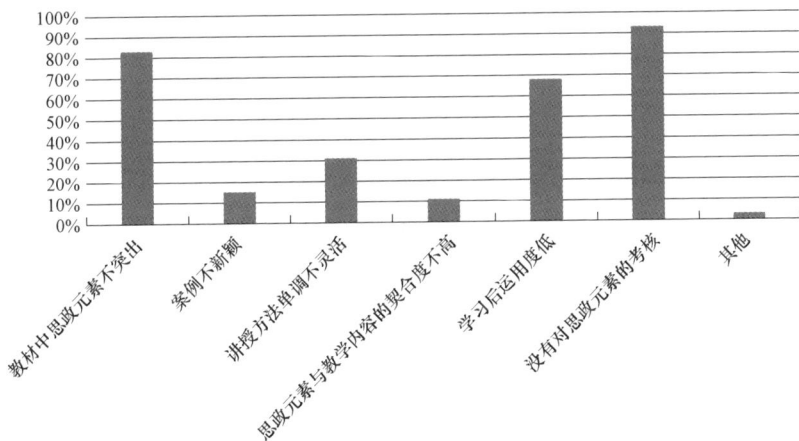

图 2 学生反应层评价结果

（二）学习层

学习层主要是检验学生的学习结果，包括学生在课程中学到了什么、在知识和技能方面有多大程度的提高等。采用的评估方法主要是笔试、操作、模拟、案例分析等。学习层要求任课教师能够通过使用适当的教学方法将思政元素与教学内容进行较好地结合，使学生在思政元素、基本知识和实践技能方面都有收获，并且能获得一定的评估反馈。

以培训实践课程为例，在学习层方面为凸显"教师为主导＋学生为主体"

的新教学模式，实践课程被分为教师和学生两条主线进行。其中，为了充分发挥学生的主观能动性，学生对思政元素的理解程度和学习效果将以作业的形式完成，表现手段包括但不限于情景模拟、短视频、图文分享等。学生可采用互联网技术完成作业，并将作业发布到互联网平台上接受更多人的评价，这可以让学生得到更全面的反馈，也可以让我们的课程成果被更多人看到。希望学生在查阅相关资料的过程中能够感悟培训与开发在历朝历代、各行各业、社会发展与历史变迁中的重要性，并认识到自己在这方面的不足与社会贡献值，从而端正态度，认真学习。

在运用互联网平台和网络手段考核学生学习结果的过程中，我们发现学生以团队形式搜集资料制作短视频和图文分享，学习兴趣和积极性明显提高。虽然由于成果制作不熟练，作品的网络反响不大，但也为后续改进提供了宝贵经验。

（三）行为层

行为层主要是衡量学生在学习课程之后的行为表现，包括学生在学习之后是否有行为改变，以及能否在其他学习或生活、工作中运用所学到的知识。采用的评估方法主要是来自同学、老师、家长的观察和测试，以及学生的自我评价。行为层要求任课教师能采用适当的渠道将思政元素与专业教育深度融合并引导学生付诸实践、改善行为，同时要给予学生行为更全面的评估，并在有效期限内对学生的行为改变进行因果研究。

以培训实践课程为例，在行为层方面要鼓励学生在能力范围内积极参与社会服务，将课程中所讲到的思政元素与实践相结合，发挥个人优势，放大团队力量。有些行为的改变不是一朝一夕的，因此行为层的考核周期也要比反应层和学习层长，评估者可以以课程学习之后的 3～6 个月为周期，观察和测评学生在助人、利人、自我提升等方面的改变。

（四）效果层

效果层主要是衡量学校或学院层面的变化，包括学生行为改变对学院或学校是否有积极影响，以及学院或学校是否因为课程的开展而变得更好。采用的评估方法主要有考察学生的事故率、学风学纪、获奖成果等。效果层要求任课老师将思政元素与专业建设进行紧密结合，引导学生以"爱国""报国"之心参与创新性和探究性的项目或社会实践活动，重点关注学生行为引发的社会效益。

以培训实践课程为例，在结果层方面一方面可以考察学生日常管理方面的改变，如学纪学风是否更加端正、学生违纪率是否下降；另一方面可着眼于本课程的课程思政建设为本学院或学校带来的社会效益，主要体现在学生在学习层和行为层方面的社会效益延伸与效果叠加，可以通过比赛、项目、社会实践、荣誉等方面来衡量。从行为的改变到实际效果的发生需要经历更长的时间周期和持久的强化，此次对效果层的评估时期一般是改革之后的半年至一年为佳。

三、构建基于三维模型的课程效果评估体系

高校教育旨在充分发挥各门课程"立德树人、教书育人"的育人功效，把提高学生思政素养贯穿于专业教育全过程，培养合格的社会主义建设者和接班人。思政育人的形式多样、过程动态、影响深远，对育人成果的评估方式、指标和结果应用也需要遵循发展性和动态性的要求。

（一）课程效果评估指标

基于三维模型的课程效果评估体系包含了多个相对独立又相互关联的评价指标，从基本要求、思政要求和实践要求三个维度对反应层、学习层、行为层和效果层提出灵活动态的评估标准。

表 5　课程效果评估指标

层次	维度	具体指标描述
反应层	基本要求	学生对教学内容、方法、教师等的接受度和满意度
	思政要求	思政元素和思政案例的契合度、完整度、接受度和满意度
	实践要求	学生受课堂启发而产生的创新思维和个人意见，并能够流畅表达自己的观点和看法

续表

层次	维度	具体指标描述
学习层	基本要求	基础知识笔试成绩
	思政要求	思政元素的记忆和学习情况。笔试中思政题目的掌握情况，学生以其他形式完成的作业和作品中对思政元素的理解和看法
	实践要求	要求学生利用互联网平台和新媒体手段完成能够充分表达个人或团队对课程内容理解或看法的作品，且作品具有一定的创新性，表达合理，鼓励团队完成
行为层	基本要求	学生在课堂表现、生活行为、自我要求方面的表现有所改善和提高
	思政要求	学生的行为改变中能突出责任意识的增强，且更加严格遵纪守法，拥有更深刻的家国情怀
	实践要求	学生更主动地参加比赛、项目或社会实践活动，并在活动中体现奉献精神等思政元素，比赛或项目主题能够体现思政方向
效果层	基本要求	学生在日常管理方面发生好的转变
	思政要求	学生的思政意识明显提高
	实践要求	学生在比赛、项目或社会实践中的表现更加优秀，带来更多好评和社会效益

（二）课程效果评估的结果运用与反馈

评估结果运用与反馈是效果评估工作的最后一环，也是最为关键的一环。在 PDCA 循环模型中，A（处理）是 C（检查）之后的必要环节，也是下一步螺旋上升的基础。能否达到评估的预期目的，取决于评估结果反馈工作的实施效果。一方面，结果反馈是评估程序和结果公正的基础，可以有效避免评估者的主观偏见或失误操作，让被评估者有知情权和发言权，对整个评估体系的完善有积极作用；另一方面，评估结果的运用和反馈可以有针对性地提出课程建设中的不足和改进建议，也可以对课程建设中的优点和榜样加以激励和宣传，缩短课程建设周期，提高课程建设效率。

课程效果评估工作完成之后，需要将评估结果向任课教师和相关人员进行反馈，并将评估结果在实际工作中加以运用。评估结果的反馈流程包括"反馈准备—反馈面谈—申诉—结果运用"四个环节。

首先，在反馈准备环节中要遵守对事不对人、正面引导、具体全面的反馈原则，选择恰当的反馈方法，将整体评估结果、优点、不足、未来目标、目标执行过程中可提供的资源和流程建议、目标实施的激励机制、内部支持与外部障碍等内容进行充分反馈。

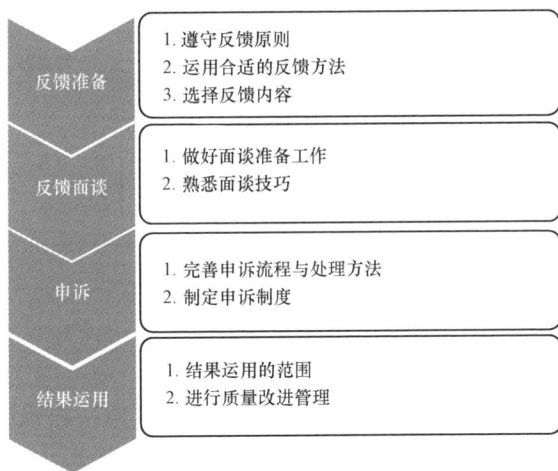

图 3　评估结果反馈流程与运用范围

其次，要与任课教师和相关人员进行必要的反馈面谈，面谈通常由督导或上级领导进行，面谈之前要做好准备工作，并对面谈者进行必要的面谈技巧培训。

再次，制定申诉制度，完善申诉流程和处理方法以应对对评估结果有异议的特殊情况。申诉制度要公平、公开、公正，申诉流程应简洁、合理。

最后，将评估结果运用到实际工作中，包括但不限于课程的改进计划、对教师开展有针对性的培训、薪酬与奖金分配、职务调整、教师职业生涯规划等，其中课程思政建设的改进管理是重中之重。

（三）课程效果评估体系的辅助支撑

课程效果评估体系除了前期要做好评估指标的选择、中期要严格按照评估指标和评估制度开展评估工作、后期要将评估结果进行反馈和运用，整个过程中还需要学校和教师充分发挥辅助支撑作用，确保课程思政建设效果评估体系的完整性和有效性，如图 4 所示。

其中学校层面的辅助支撑作用主要体现在课程效果评估机制和制度的建设方面；教师队伍建设方面，主要是指任课教师的培训与课程团队成员选择和培养方面；学科建设与课程建设方面，要准确把握学科方向，明确课程

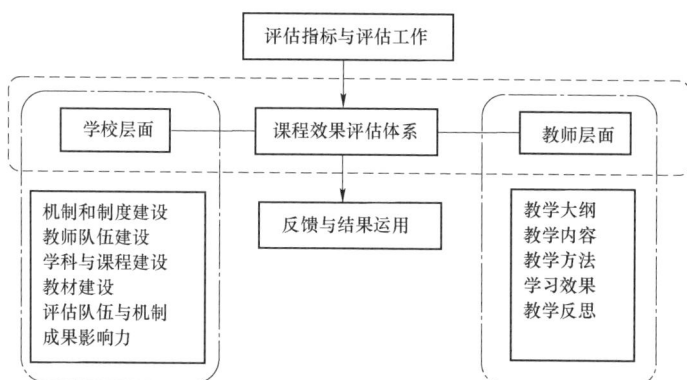

图 4　评估流程与辅助支撑

重要性及在学科建设中的角色，确保课程思政元素衔接流畅减少重复；教材建设方面，要及时更新或选择符合课程建设进度的教材；评估队伍与机制建设方面，要对评估团队进行选拔和培训，并及时更新评估机制，这是评估工作顺利高效完成的重要保障；成果影响力认可与评估方面，要拓宽成果影响力的认可范围，注重学生影响与社会效益。

　　教师层面的辅助支撑作用主要体现在教学大纲方面要及时更新和完善，确保教学目标与课程思政目标紧密结合并有效融合，能够支撑学科培养方案的目标实现；教学内容方面要使课程思政元素与教学内容自然顺畅的结合，达到润物无声的效果；教学方法方面要灵活创新，既要与教学内容匹配，又要根据学生的特点增加信息化手段，充分利用互联网平台；学生的学习效果是对教师教学好坏的直接评价手段之一，因此要注重学生的学习成绩和教学评价；教学反思作为教师对自己教学过程的总结和反省，对教师完善教学内容、改进教学方法、提高课程思政教学水平有重要的支撑作用和可行意义。

第三节　实践课程的转化输出渠道

　　实践课程作为高校与社会衔接最紧密的一环，其能否顺利实现转化输出以及转化输出的渠道质量对于课程开展、高校口碑及大学生就业等多方面都有重要的影响。理想的课程转化输出方式自然是将学生送入企业实习实训，然而大部分学校并不具备这样的实操条件，因此，目前最常见的实践课程转化输出方式还是角色模拟和软件操作等形式，各种方式各有利弊，在实践课程转化输出方面都发挥着不可取代的作用。

一、角色模拟与朋辈辅导

（一）角色模拟与朋辈辅导的概念

角色模拟又称为角色扮演，是美国精神病学家莫雷诺（Moreno）于1960年创建的一种社会心理技术，是将人们暂时置于他人的社会位置上，并按这一位置所要求的方式和态度行事，以加深对他人社会角色和自身角色的理解的过程。2005年，杨文杰、孙秉秀等率先提出"改革教学方法，推进教育创新"，并发出"以市场为导向，以能力培养为本位"的教学号召，角色模拟再次引发了国内学者的高度关注。角色模拟教学法是一种将角色扮演、对话练习和情景教学融为一体的教学方法，能够将学习与兴趣、教学内容与职业要求有效地结合在一起，具有仿真性、参与性、互动性等特点，对于提高课堂教学中学生的积极性、教师的指导性、知识的直观性、应用的灵活性有极大的优势。

近年来，随着对角色模拟教学法研究的逐渐深入，以及翻转课堂、师生互换等概念的提出，学生的主体性和主动性被越来越多地提出和重视，学生在角色模拟过程中所发挥出来的互助功能和互动特质，引起了越来越多的关注。"朋辈辅导"一词最早应用于心理学领域。早在20世纪，伴随美国"实用主义思潮"的兴起，朋辈心理辅导也随之发展起来。到1970年年初，心理学家们纷纷开始发起朋辈心理辅导运动，将朋辈心理辅导推向系统化、规范化、职业化的发展道路。20世纪七八十年代，朋辈心理辅导逐步传入我国，90年代开始在中国大陆兴起并逐步发展，朋辈心理辅导以其"说服力高、互动性强、易接纳性"等特点深得师生的欢迎，也取得了丰硕的成果。

朋辈辅导的概念可以从以下几方面来理解：首先，实施主体为朋辈，即朋友、同辈或同龄人。他们拥有相当的年龄，相似的经历与背景，在思想上、情感上和行动上都具有共同性和共通性。其次，实施过程是非专业化培训。朋辈辅导是由朋辈通过相互辅导，共同学习、共同进步的过程，因此参与者学习的过程与培训师授课的专业培训有明显的区别。第三，实施效果是自助助人。朋辈辅导的最终目的并不是简单地"学会"，而是强调通过互助学习达到互助结果，即既要帮助自己，也要帮助他人。最后，在自助助人的过程中，互助感也可以为自己和他人提供强有力的心理支持，为任务的完成提供必要的心理保障。

总体来看，朋辈辅导与传统的师生辅导相比在实践效果、知识吸收度方面有明显的优势。朋辈辅导以学生为主体，每个人在朋辈辅导关系中都扮演着指导者与被指导者的双重角色，学生的参与度与体验感更强。另外，由于朋辈辅导的非专业性，老师的角色也由传统的传授者转变为指导者、监督者等多重角色，需要在朋辈辅导中及时发现问题并予以纠正，这对老师提出了更高的要求。

（二）朋辈辅导的理论基础与应用意义

1. 朋辈辅导的理论基础

（1）社会学习理论

社会学习理论指出人们可以通过观察学习、榜样示范和模仿等方式获得行为，并且榜样与自己的相似性越高，越容易产生学习行为。因此朋辈辅导中榜样和优秀者的产生会对其他朋辈起到潜移默化的影响作用，个体在朋辈群体中观察到的行为、体验到的思想和情感都对个体自身的发展有推动作用。在朋辈心理咨询领域，石芳华（2007）曾指出，朋辈心理咨询的行为干预机制主要有朋辈支持模式和朋辈领袖示范模式两种途径，其中后者指通过其他朋辈的积极行为示范改正不良行为，这也证明了社会学习理论的基本范式。

（2）参与教育理论

参与教育理论认为参与是学生从社会和生活中发展认知和经验学习的主要途径。因此在朋辈辅导过程中，人人参与是首要原则。通过切身参与才能发现自己与他人的优缺点，也才能为他人提出中肯的意见。

除上述理论外，团体动力学理论、人本主义理论、认知理论、合理行为理论、自我教育理论等都被学者们用作朋辈辅导的理论基础。

2. 朋辈辅导的应用及意义

朋辈辅导经过半个世纪的实践与发展，涉及领域已由心理学扩展到包括健康康复、妇女生育、戒毒、社区教育、就业以及思政教育等。除学校心理咨询领域外，朋辈辅导在大学生就业及大学生职业发展规划方面、在企业职工心理支持系统方面、在大学生学习与实践方面的研究也比较普遍，但是目前针对朋辈辅导与高校实践课程的研究相对较少。

随着高校应用转型需求的不断强化，实践课程在高校课程体系中的比例逐渐增加。然而由于范式不足、经验缺乏、条件有限等因素，实践课程在实际运行中受到阻碍，预期效果难以圆满实现。朋辈辅导范式的引入，将对非技术类专业的实践课程提供新的课程改革思路。将朋辈辅导概念引入高校实践课程中，通过同学间的互助与指导，辅助教师的监督与纠正，可以实现理论知识的强化与巩固吸收。对于大部分无法结合软件教学的课程，朋辈辅导与案例或情景模拟相结合，也可以改善枯燥的课堂氛围，达到以学生为主体、翻转课堂的效果，不仅有利于学生实践能力的提升，更对应用型高校的建设与发展有重要的推动作用。

（三）朋辈辅导在实践类课程中的应用——以培训实践课程为例

1. 对象与方法

（1）研究对象

以 2015 级（82 人）、2016 级（64 人）、2017 级（70 人）人力资源管理专业学生为研究对象，共 216 个样本，其中 2015 级和 2017 级学生开课时采用朋辈辅导设计方案，2016 级未采用。

（2）方法

本研究历时三年（三届学生），所有学生均在大二上学期学习培训实践课程，2015 级课时为 16，2016 级和 2017 级课时为 24。实践课程均开设在理论课程之后，且理论课程每年级的教材、课时等情况一致。

① 2015 级和 2017 级学生开设的实践课程内容是以小组为单位进行，并设有公司、培训师、管理咨询公司和新员工四个角色，以一条主线将各公司、管理咨询公司、培训师、新员工串联起来模拟企业的新员工培训。每个流程均设有"同行评价""业内指导""客户打分"等环节，最终老师针对每组完成情况评分。（朋辈辅导组）

② 2016 级学生实践课程内容为以个人为单位完成某公司的培训流程，

老师对每个学生每阶段的完成情况进行评分。（无朋辈辅导组）

（3）评价指标

① 在进行朋辈辅导组与无朋辈辅导组成绩对比时，采用的评价指标为学生的实践课程期末考试成绩，以百分制进行评分。

② 在进行朋辈辅导组角色成绩对比时，考虑到学生不同角色对课程的参与度不同，平时成绩不同，因此采用的评价指标为学生的实践课程总成绩（平时成绩×30%＋期末成绩×70%），以百分制进行评分。

（4）统计学方法

采用 spss22.0 软件进行统计分析，分数比较分别采用单因素方差分析和 t 检验，$P<0.05$ 时差异显著。

2. 结果

（1）实践课成绩比较

① 变异数同质性测试 $P=0.60>0.05$，方差齐性，可以使用方差分析。变异数分析及描述性统计检验结果见表 6，其中 $P<0.05$，说明三个年级组间至少有两个组之间存在显著性差异。

表 6　不同年级组学生成绩检验结果

年级	N	$\bar{x} \pm s$	F	P
2015 级	82	73.95±5.52		
2016 级	64	71.55±5.43	3.64	0.03*
2017 级	70	73.44±5.60		

注：*$P<0.05$。

② 单因素方差分析检验结果显示：朋辈辅导组与无朋辈辅导组成绩差异显著，朋辈辅导组间成绩差异不显著。由表 7 结果可知：2015 级学生成绩显著高于 2016 级，2017 级学生成绩显著高于 2016 级，2015 级和 2017 级学生成绩差异不显著。

（2）朋辈辅导组角色成绩比较

2015 级和 2017 级学生在上课过程中可以自由选择企业（包括管理咨询公司）、培训师和新员工三种身份，按照身份将学生划分为有角色组（企业身份和培训师身份）和无角色组（新员工身份）。结果显示，两个年级中有角色组的成绩均显著高于无角色组，详见表 8。

表 7　不同年级学生成绩差异比较结果

（I）班级	（J）班级	平均差异（I−J）	标准误差	显著性
2015 级	2016 级	2.40*	0.92	0.010
	2017 级	0.51	0.90	0.572
2016 级	2017 级	−1.90*	0.98	0.048

注：*$P<0.05$。

表 8　朋辈辅导组角色成绩差异检验

	样本数		平均数		标准差		t
	有角色	无角色	有角色	无角色	有角色	无角色	
2015 级	38	44	80.53	76.61	3.85	5.01	3.92*
2017 级	36	34	76.11	73.65	4.60	3.68	2.47*

注：*$P<0.05$。

（四）朋辈辅导在实践课程中的设计安排与改进方向

朋辈辅导是充分发挥学生主动性和互助性的有效方式，也是现代教育教学理念中实践与创新的体现。由"学生做—教师点评"的传统模式向"学生做—学生点评—教师辅助"的新型模式转变，也是对传统教学过程中"以教定学"向应用型人才培养中需求导向的"以学定教"的转变。

1.课程设计

实践课程是对理论课程的实践和延伸，实践课程的开展前提是学生必须已经完成相应理论课程的学习，并有一定的知识基础。实训课程的具体设计步骤及内容见表 9。

表 9　具体教学内容及步骤

序列	步骤	内容	说明	时间
1	课前准备	结合课程内容、定位和目标，设计课程各环节，做好课程计划	1. 课程宜选取一条主线来设计较为连贯的模拟场景 2. 模拟场景应为学生安排不同的身份，使学生对课程的实操性有充分的体验感	视课程内容而定

序列	步骤	内容	说明	时间
2	热身与团建	1. CEO 竞选与分组 2. 团队建设	1. 竞选环节可以调动学生的主动性，加深彼此交流与认识 2. 以 CEO 为中心开展团队建设，可以让学生快速投入模拟情境中	2~3 小时
3	回顾与预告	1. 理论回顾 2. 阐述本课程流程线及内容安排	选取某一主线回顾理论知识，在帮助学生记忆的同时，也可以清晰地梳理实训课程将要进行的内容	2~3 小时
4	实训（朋辈辅导过程）	1. 按流程依次进行 2. 以学生团队为主体进行活动及展示 3. 展示结束后分别进行本组评价、他组评价与修正	1. 以学生为主体的课程安排是现代教育理念在大学课堂的充分体现，也是朋辈辅助概念在课程改革中的有效融合 2. 学生是发现问题、分析问题与解决问题的主体，而教师在这一过程中是旁观者与监督者，只有在必要时才进行纠正与控制	视课程内容而定
5	总结与反思	实训课程内容结束后，教师引导学生对实训内容进行总结与反思	学生结合自己的角色针对课程的过程及自己的思考进行交流，教师在这一过程的角色是引导者、启发者与总结者	3 小时
6	考核	对实训课程进行考核	以可量化的多元化方式对学生的掌握情况进行考核	2 小时

2. 改进方向

通过两年的对比研究以及第三年的验证研究，学生以实际行动和成绩反映出对将朋辈辅导运用于实践课程的兴趣和突出的效果。虽然实践课程在应用型高校转型过程中的重要性日益突出，但高校对实践课程的重视度还有待提高。例如有的实践课程授课地点仍在普通教室，限制了课程内容的设计和开展，导致实践课上成了理论延伸课；实践课程考试形式与理论课相同，过于死板拘泥；等等。因此，为了保证朋辈辅导在实践课程中重要作用的充分发挥，可以从如下方面加以改进。

（1）提升教师的改革意愿和积极性

虽然我们提倡在实践课程中以学生为主体发挥朋辈辅导的力量，但是教师丰富的理论背景、敏锐的观察力及现场把控力才是保证朋辈辅导发挥预期作用的重要方面，否则，朋辈辅导的实践课可能变成学生自说自话的一场"表演"。因此，教师的个人能力与素质，以及推动朋辈辅导在实践课程中广泛运用的意愿是课程改革的首要条件。合理的课酬体系、激励机制和奖惩机制可以充分调动教师参与课程改革的积极性和自我能力提升的意愿，有助于更多优秀课程的开发。

（2）创新实践课程的模拟场景

实践课程不需要学生像上理论课一样固定座位，相反，其场景的布置应根据课程内容而灵活设计。因此，除了必须的多媒体设备外，学校应为实践课程准备相应场地，由授课老师根据需要自行设计，保证授课质量。即使同一门课，学校也应给予教师更多的尝试机会，鼓励老师和学生反馈意见，不断创新实践课程的模拟场景和课程环节，为实践课程的效果和质量献计献策。

（3）丰富实践课程的考试形式

实践课与理论课的课程内容和形式差别较大，因此考试形式也不应相同。仅就实践课而言，技能类实践课程可以通过一次技术操作来检验学生是否学会，但非技能类（如管理类）实践课程由于其虚拟性便不应仅靠一次考试来定成绩。因此，对于此类课程要丰富课程的考核形式，可以提高学生平时表现成绩的权重，并增加朋辈打分，让学生在学习和表现的过程中多了一份"裁判"的职责，从而促使学生以更加主动和积极的姿态迎接挑战。

二、实践课程实训软件

目前，市面上很多公司都已经对标高校的实践课程研发了相应的实训软件，由于很多学校不具备条件将所有的学生都送入企业进行实习实训，因此这些软件就可以很好地帮助学生实现实践操作，最大限度地模拟实际工作环境。另外，有很多基于操作软件的比赛也对学生掌握知识和实操技能非常有利。就人力资源管理专业而言，浙江精创教育科技有限公司和上海踏瑞计算机软件有限公司是本校人力资源管理专业的常年合作伙伴，为本校的人力资源管理专业实践课程提供软件支持和赛事指导。其中，浙江精创教育科技有限公司的培训与开发专业技能实训系统已经与本校合作 3 年，其软件的整体模式、功能模块与程序特色非常符合本校人力资源管理专业的建设要求与培养目标。

（一）软件整体介绍

（1）B/S（Browser/Server）结构，无用户数限制，客户端不需要安装终端软件，支持基于校园网、互联网的应用；

（2）系统采用 sqLite 数据库开发，无需连接用户原有数据库；

（3）系统拥有智能处理功能，内部构建实验报告体系，可以集中查看、下载所有学生的实验报告；

（4）系统提供单个教师账号多实验班级同时实训功能，便于统一管理；

（5）系统提供基础教学、实战系统、学习中心三大模块；

（6）系统内嵌超过 200 份资料的学习中心，可供学生自由查阅学习；

（7）实战系统周期根据企业成长生命周期，包含初创期、成长期、成熟期、衰退期四个周期，各周期经营环境数据各有不同。

（二）功能模块

软件包括管理员系统、教师管理系统、学生操作系统三部分。

1. 管理员端程序功能：教师管理、数据库备份和学习资料管理

（1）教师账号管理：管理培训与开发专业技能实训系统的所有教师账号。系统管理员可对系统的教师进行管理：修改教师的用户名、真实姓名、密码。

（2）系统数据备份：用于备份整体系统数据。

系统管理员可对系统的整体数据进行备份，系统管理员能够按照登录账号、姓名等用户基本信息查询备份数据。

（3）学习资料：提供下载和上传功能，方便管理员下载、上传学习资料，同时也方便资料的共享。

2. 教师端程序功能

教师端程序由实践课授课教师使用，主要供教师管理教学任务、视频、基础教学方案、实战参数和学习资料等使用。

（1）教学任务：提供开设相关教学任务，并可查看每个学生在基础教学（组织与战略层面培训需求分析、任务层面培训需求分析、人员层面培训需求分析、年度培训开发计划、员工培养开发计划、培训实施方案设计、培训效果评估、新员工培训方案、中层管理者培训方案、团队建设类培训方案）、实战系统（现金流、员工培训详情等，并可进行成绩及排名参看）。

（2）教学案例管理：包含培训需求分析、培训开发计划、培训方案设计、培训方案实施、培训评估五大类案例管理。

（3）实战参数：包含实战系统中的市场薪酬、期望值区间、人员效益、效益等级、培训效果、培训项目费用、培训期望、培训环境等级、培训项目基准等设定、修改、和管理。

（4）学习中心管理：提供下载和上传功能，方便教师下载、上传学习资料，同时也方便资料的共享。

3. 学生端程序功能

在培训与开发专业技能实训系统中，学生端程序由基础教学、实战系统、学习中心组成。各小组必须在规定的时间内，通过对本企业实时数据及竞争对手数据的分析，制订人力资源管理中人员培训的各项管理决策。

（1）基础教学

① 培训需求分析：系统给出教学案例，学生需根据案例进行分析，结合所学知识思考，从组织与战略层面、任务层面、人员层面，通过需求调查、调查分析、需求分析完成对案例的分析。

② 培训开发计划：培训开发计划围绕项目计划所包含的内容展开，分为年度培训开发计划和员工培训开发两个部分。年度培训开发计划具体实验步骤包括培训时间、培训目标、培训内容、培训人员、培训方法和培训预算等，员工培训开发从新员工、生产技术部和全体成员三个部分展开。

③ 培训方案设计：围绕新员工培训方案、中层管理者、团队建设类三个部分展开。具体实验步骤包括设定培训目标、设定培训对象和管理权限、确定培训内容、培训方式和培训教师，确定评估方法和评估内容，核算培训费用。

④ 培训实施方案：围绕培训前工作、培训中工作和培训后工作展开。

⑤ 培训效果评估：围绕柯克帕特里克的评估模型展开。具体步骤包括选择培训评估层次（反映层、行为层、结果层、学习层）、选择培训内容（技能评估、培训成果、培训方法评估、培训组织评估、培训运用评估等）、选择培训方法（笔试法、访谈法、行为观察法、角色模拟法、问卷调查法等）、选择培训时间和培训主体。

（2）实战系统

① 培训项目：系统中提供了企业常见的培训项目，包括新员工培训、

在岗技能培训、脱产技能培训、管理人员培训、企业文化培训、安全教育培训、拓展训练培训、商务礼仪培训、在岗转岗培训、脱产转岗培训等，不同的培训项目费用不同，产生的效益增加也不同，企业根据自身情况可自主选择培训项目。

② 培训需求：模拟现实中企业培训前所进行的需求调查和分析，系统中提供了企业常用的调查方法，包括问卷调查法、现场观察法、工作任务分析法、重点团队面谈法等，企业可自行选择一种或几种调查方法，获得调查结果。企业根据具体情况对结果进行分析总结。

③ 培训计划：模拟现实中公司培训计划的制定，系统给出基本的培训计划大纲，企业根据自身情况填写培训计划，让学生了解培训计划所包含的内容及所要进行的工作。

④ 培训评估：系统根据企业操作情况自动计算每个员工实际所获得的效益增加情况、员工对培训的满意程度，帮助学生了解培训实施最终效果，帮助学生强化培训评估的重要性，并通过总结经验，改进培训与开发管理。

⑤ 人员配置：系统中给出初始人员配置，每个员工都拥有初始效益，通过培训会导致人员效益的增加和人员的流失，在系统规定的人员配置范围内，企业可根据公司效益及资金状况选择人员晋升、流入。

⑥ 人员效益：该系统中，人员的效益直接影响到企业的经营，用少量的成本获得最高的效益。企业通过在系统中对员工进行合理的培训，来增加人员效益。

⑦ 运营状况：系统根据企业操作情况自动生成人员登记表、效益表，帮助学生全面掌握模拟企业的效益情况，认识企业培训活动在效益上的反应，建立员工效益与公司经营的关联，了解企业培训对企业发展的重要性，并通过总结经验，来改进培训与开发管理。

⑧ 数据信息查询：学生可以通过学生端程序实时了解企业培训各个方面的数据信息，所有数据要求动态生成，实时响应。

（3）学习中心

系统中提供了学习中心功能，学习中心中存有大量培训与开发相关资料，并且提供下载和上传功能，方便教师、学生浏览、下载、上传学习资料，同时也方便资料的共享。

三、社会服务实践

实践课程转化输出方式除了角色模拟和软件操作之外，本文还将提出第三种，即鼓励学生参与社会服务实践。

社会服务并不是一个新式概念，早在 1958 年，英国学者理查德·提特穆斯（Richard M. Titmuss）便出版了著作《论福利国家》，其中首次提出了社会服务概念。他将社会服务定义为把一部分推动经济发展有固定收入的人群的部分收入分配给需要帮助和救济的人群，以此来实施的一些集体普遍福利服务的干预行动。此后，社会服务的概念进入西方乃至国际范围的视野中。但很多年来，社会服务一直被作为社会学领域的内容，与人力资源管理专业并无相关，学生进行的社会服务活动也多是校内社团组织的志愿活动，与专业建设关系不大。然而笔者在近些年的研究中发现，培训实践活动与社会服务之间其实是有着千丝万缕的关系的。

（一）培训实践与社会服务的关系

正如前文提到，凡是涉及到教与学的活动其实都与培训实践课程有密切的联系，现实中我们可能没有条件将所有的学生都送入企业开展实习实训，大多数企业也无法提供过多的培训实习岗位给学生，而社会服务则能很好地解决这一矛盾。事实上，社会发展中涉及到培训活动的场所远不止企事业单位，需要被培训的也远不止企事业单位内的员工，我们每个人都会在某些时刻面临不知该如何应对和需要他人讲解帮助的情况，因此通过开展社会服务实践，学生将拥有更多施展才能和锻炼培训技能的空间，也将会有更多的人得到实质性和及时性的帮助，对社会、企业、学校和学生个人都有诸多益处，达到多赢效果。

从国家教育战略角度看，研究大学生社会服务实践模式是与国家教育政策高度符合并且紧密相关的，是提高高校大学生社会实践能力、打造服务型社会的有效措施。

从学校角度看，除创业实践、实习实践之外，社会服务实践也是提高学生社会实践能力的重要手段，对于建立应用型大学有重要的推动作用，同时也可以面向社会塑造一个服务社会、回报社会的良好形象。

从学生角度看，大学生通过参与社会服务实践，可以拓宽学生的视野，增加社会阅历，丰富见闻，增加社会责任感，提高自身处理问题、积极沟通、适应社会的能力。而这些能力正是企业选人、用人的重要指标。

从企业角度看，企业与高校合作开发大学生社会服务实践模式，有目的地帮助学生锻炼企业用人所需要的能力，可以节省企业的招聘成本，降低用人风险，同时为企业树立服务社会、造福社会的良好形象。

（二）巧用社会服务理念反哺高校教育改革

从 2014 年的《关于推进志愿服务制度化的意见》到 2016 年的《关于支持和发展志愿服务组织的意见》，再到十九大报告提出要推进志愿服务制度化，多年来我国政府从制度层面不断有序推进志愿服务发展。2017 年 9 月，国务院颁发《志愿服务条例》，全面规定了以政府引导为基础，全面发动社会有序参与志愿服务，进一步为我国志愿服务的发展提供了制度保障。高校在社会志愿服务中占据着重要的地位，但长期以来，高校的教育集中在学生的分数、就业率、升学率、实习情况等等，相对而言忽视了学生服务社会的意识和能力。灵活运用社会服务理念，可以为高校开拓更多的教育模式和渠道，让学生变"要我学"为"我要学"，提高兴趣、激发动力、改进方法，从多方位入手提高学生的综合能力，尤其是实践能力，进而实现应用技术型高校的定位与转变。

高校本身就需要承担一定的社会服务责任，且具备较好的社会服务能力。高校社会服务能力包括顶层设计、教学服务、科研服务、文化服务、设施服务和志愿服务。其中志愿服务包括学校志愿、教师志愿和学生志愿。教师志愿是指教师及管理人员利用自己的时间、技能、资源等提供知识服务、科学普及、专业培训、文化宣传、政策咨询、便民利民的帮扶志愿服务等。学生志愿是指学生以知识、体能、经验、技术、劳力、时间等贡献社会，如大型赛会、环境保护、便民服务、政策及法律宣传等，可以细分为学生社会实践和社会调研等多种形式。学校志愿指以学校为主体开设的科学普及、政策宣讲、艺术传播、医疗保健、文化传承等志愿活动，而学校志愿说到底还是需要教师和学生志愿完成。

1. 教师志愿的改善作用

教师作为学校的主体力量，承担着教书育人以及科研教研的重要职责。然而在当今时代，尤其是在应用技术型大学的普遍要求下，闭门造车已经不合时宜。教师也需要走出校门，到社会中历练，才能将知识与实践相结合并满足培养应用技术型学生的要求。多年来，学校坚持让教师挂职锻炼的政策，但是与社会服务相比较，教师志愿的社会服务优势更明显。

（1）社会服务的范围更广，不局限于企业内锻炼，对教师能力的提升更加全面。

（2）社会服务的社会效益更高，对于教师本人、学校的正面影响更突出。

（3）社会服务具有持续性，对教师能力的改善具有持续作用。

2. 学生志愿的改善作用

目前，大学生对社会服务的参与度并不高，参加过的学生中大部分的参与次数也较少，可见社会服务理念在学生群体中尚未得到广泛普及。学校每年有针对学生开展的实践比赛、假期实践项目等，但是相比庞大的基数而言，参加的人数比例还是太低。除了校企合作的实习和各种实践项目，社会服务也是一种非常重要和有意义的实践类型。

（1）倒逼学生多学知识，激发学习动力。要出色完成社会服务工作，对学生的知识和能力都有较高的要求，这对学生的学校学习有很明显的倒逼作用，要想在社会服务中游刃有余，必须要好好上课多学知识。这种压力可以有效激发学生的学习动力，对于那些喜欢社会活动的学生来说效果明显。

（2）鼓励学生充分运用所学，提高学习兴趣。社会服务的范围是非常广泛的，需要学生多涉猎多学科的知识，对自己本专业的知识更是要学得多、钻得深。实践是最好的老师，在实践中学习，在学习中补充，在实践中检验。参与社会服务可以有效地促进学生提高学习兴趣。

（3）提高责任意识，净化校园风气。社会服务除了对学生的能力有提升，更能提高他们的服务意识和责任意识，让学生学会勇于主动承担责任，有利于形成良好的校园风气和学习氛围。

3. 高校教育改革中如何巧用社会服务理念

（1）提升社会服务理念，加强顶层设计。高校要在办学定位中明确服务方向，成立社会服务责任部门，完善学校的社会服务制度，并在办学实践中身体力行，凝练特色，形成全校共识，变"被动服务"为"主动服务"，变"要我服务"为"我要服务"。此外，高校要通过创新社会服务理念来激发服务的新动力，要协调服务主体、服务资源和服务对象来开拓服务新领域。

（2）为教师和学生搭建服务平台。学生目前参与社会服务的比例和机会较低的主要原因是缺乏规范可信的服务平台。很多不规范的机构利用学生的服务热情假借社会服务工作之名骗取钱财，或者无法兑现承诺，导致学生对社会渠道的社会服务工作有较高的警惕性。学校应充分发挥中介作用，利用学校的优势寻找可信的服务机会，进行资源整合并共享给有需要的教师和学生。高校社会服务的平台化可以使高校社会服务内容更广、模式更多样、方式更便捷，能有效拓展社会服务的广度和深度，提高服务的针对性、有效性和可持续性。

（3）扩大高校社会服务主体，鼓励更多学生参与。高校社会服务的主体是教师和学生，教师对教学服务、科研服务、文化服务的作用更大。近年来，学生在社会服务中的作用异军突起，慢慢普及社会服务中的诸多板块，如医疗、教育、体育赛事、法律等。例如高校每年假期的暑期社会实践队，以学生为主体组队进行医疗扶贫、教育扶贫、电商扶贫等，这不仅有利于学生了解农村，为农村的发展尽一份力，更可以让学生认识到自己的知识和技能可以帮助他人，增强其社会责任感。为学生灌输社会服务理念，让其在拥有社会责任感的同时，更清醒地认识到"要想服务他人，先要提高自己"，激发学生的学习动力，提高他们的学习兴趣，促使他们不断尝试以找到更适合自己的学习方法。

（三）建设规范有效的社会服务实践课程体系

1. 完善公民社会服务制度，尤其是大学生社会服务的激励机制

在社会服务政策方面，我们可以多借鉴其他发达国家或地区的相关经验，对适龄人口提出参加社会服务的具体要求并给出指导意见。在各地陆续出台的民政事业发展"十四五"规划中，均有提到"合理拓展服务内容""提升基本社会服务质量""提升人民群众的获得感、幸福感、安全感"等内容，幼有所育、学有所教、劳有所得、病有所医、老有所养、住有所居、弱有所扶的和谐社会目标将在社会各界的共同努力下逐步实现，而这其中，必定少

不了广大青年群体的中坚力量。与此同时，高校可以对积极参加社会服务的学生或者教师提供物质或精神奖励，或其他优惠政策，如奖学金、就业、职称等方面，树立榜样，鼓励广大师生投入社会服务的潮流中来。

2. **企业完善用人标准**

企业在招聘和录用环节，除了要考核应聘人员的学历、工作经验等硬性条件，还应该对其心理素质、思想道德水平等软性条件予以考核。对于那些只顾自己、自私自利的员工，企业应该慎重考虑。当企业把社会服务经历纳入选拔条件时，就会对学校的人才培养机制形成倒逼，迫使学校按照企业的用人要求更新课程，从而辅助建立起完善的社会服务实践课程体系。

3. **转变传统课程开发范式，设立相关部门为学生提供优质课程与实践渠道**

社会服务类课程与传统课程相比，在需求分析、课程设计、实施与评估等方面均有明显不同。传统课程多以理论知识讲解为主，课程设计中规中矩，课程教学方法也多以讲授法为主，课程的评估手段大多是考试，目的在于考查学生对理论知识的掌握程度。而社会服务类课程则更重视学生参与社会服务的数量和质量，更看重学生在社会服务过程中学到的技能以及作出的贡献，因此这类课程的实践比例要高于理论灌输，课程设计要灵活多变，授课方式应以案例分析、角色扮演或师徒制为主，让学生成为主体，对课程的评估也应以实践结果为主，重点考查学生参与社会服务的质与量。因此，学校要开设社会服务实践课程，就必须转变传统课程开发范式，不再死板地套用过去经验。同时学校应设立相关部门，面向社会甚至全球搜集可靠的高校学生社会服务机会，如志愿者、义工等，确保渠道的真实可靠和安全性，并为学生提供各种便利。

4. **丰富思想教育范畴，引导学生树立服务社会的正确观念**

学校的思想教育工作要拓展思路、扩大范畴。教师也应丰富社会服务经验，并言传身教给学生，在专门课程上向学生传播社会服务理念，引导学生树立服务社会、贡献人类的正确人生观和社会责任感。大学生正处于世界观与人生观形成的关键时期，精力旺盛，情感充沛，文化水平高，学习能力强，易于接受先进思想，且具有很强的可塑性和适应性，这为大学生的人生观和社会责任感教育提供了有力的主体性基础。但另一方面，也应看到大学生在这一时期思想摇摆不定的特点，很容易受到不良思想的侵袭和误导，由此看来，大学生责任感和人生观教育势在必行，并且可以有所作为。

社会责任感的形成和稳定必须通过社会实践来强化，社会实践是培养大学生良好社会责任感的熔炉，因此必须要建立大学生社会服务实践保障体系，探索实践育人的长效机制，鼓励大学生走出校园，深入社会，利用自己所长参与和开展各种社会服务实践活动，例如社会调研、智力扶贫、利用科学知识或专利成果创业、公益创业等。通过这些活动，探索个人理想与家国命运的契合点、个人事业与社会主义建设事业的结合点、个人前途与服务社会的切入点，从而增强大学生的社会责任感和历史使命感。

四、转化输出渠道对比

表 10　各转化输出渠道的特征对比

		角色模拟与朋辈辅导	实训软件	社会服务
成本		需要适合的案例（可能付费）及模拟道具	市场行情价格大概是 10 万元以上	需要提前打通社会服务实践渠道
收益		学生通过角色模拟和朋辈辅导，可以掌握类似情境下应如何去做，对培训实践的操作流程有大致了解	把整个培训实践流程电子化，可以更直观、更具有可操作性，实战系统也让培训实践环节更生动	可以产生更多的社会效益，为学校树立良好的口碑，让学生获得更多的社会成就感与责任感
起效时限		能够较快掌握	能够较快掌握	需要多次或长期服务以达到效果
学生参与度		学生按分工模拟角色，大部分情况下需要全情投入，但不排除存在角色清闲偷懒摸鱼的现象	人人有账号可操作，参与度高，但实战阶段一旦破产便不可再参与	需要全情投入时间和精力。参与度较高
教师作用		指导、评价	指导、评价	共同参与、相互帮助、相互学习
效果评价	优势	学生将会对自己所扮演角色的工作内容有更深刻的体会	学生将会对培训工作的整个流程和各个环节更加熟悉	学生将会对培训工作的意义有更深刻的理解，培训实操更加熟练
	缺点	① 所扮演的角色如果比较清闲，或流程未流转到自己这一步时可能会无事可做 ② 只对自己的角色比较熟悉，对其他环节和整体理解不够深入	① 软件将很多内容以制式或统一的方式展现出来，发挥空间有限，也忽视了实际可能出现的意外情况 ② 软件比较重视宏观流程，对实操中的细节研究不够深入	① 社会服务实践渠道的构建和学生的积极参与动员需要较长时间的铺垫 ② 学生在实践过程中的安全问题和风险管理需要重点考虑

第二章　大学生社会服务

第一节　社会服务的概念与发展

一、社会服务的基本概念

社会服务是人类工业化和现代化发展进程中的产物，也是现代国家政府为应对巨大的社会变迁和社会转型中产生的主要社会问题而采取的策略选择和具体措施。人类文明的工业化进程发展到 20 世纪以后，诸多先发展起来的国家在逐步建立健全社会保障与社会福利制度及体系的过程中收获了一些重要成果，这便是现代社会服务制度和组织体系的萌芽与兴盛。社会服务不是一个抽象、笼统的概念，而是具有历史性、时代性和发展性的特征，是在人类经济积累与社会发展到一定阶段后，在社会保障和社会福利领域出现的特有事物，是社会保障与社会福利制度及体系的有机构成。

随着经济与社会的发展和进步，人们日益深刻地认知到社会服务在社会稳定、经济发展、提高人民幸福感方面占据了愈来愈重要的地位。1962 年，美国通过了《公共福利修正案》，修正案中"第一次特别认识到公共福利中预防性、保护性和恢复性服务的重要性，由联邦政府资助 75% 的这类服务的开支[①]"。法案的签署和通过意味着在社会保障和社会福利领域里出现了一种新的价值取向，即相比于实物支持，社会保障和社会福利更要重视社会服务。"这项措施代表了一个新取向——强调除了支持有需要的人还要有服务，要

[①] O.威廉·法利，拉里·L.史密斯，斯科特·W.博伊尔. 社会工作概论［M］. 11 版. 隋玉杰，等译，中国人民大学出版社，2010：27.

鼓励人们恢复自立能力而不是单纯救济，要培养人们有用的工作技能而不是长期依赖福利……我们的目标是预防或减少福利依赖，鼓励自力更生，维护功能完好的家庭的作用，帮助功能发挥不足的家庭恢复其功能。"[①]这也就是中国人所说的"授人以鱼不如授人以渔"。

综合来自不同部门和学者对于社会服务的观点，对于社会服务的基本属性和范畴存在着共性的认识，即认为社会服务的定义有广义和狭义之分。广义的社会服务内容丰富、外延宽泛，主要指以提供劳务的形式来满足社会需求的社会活动，它是为满足所有社会成员的生存、生活、发展的普遍需求，在教育、医疗、健康、养老、住房、就业、儿童抚养教育、文化等社会领域提升人民的生活质量和福祉的社会服务和行动的总和。广义的社会服务包括生活福利性服务、生产性服务和社会性服务。生产性服务指直接为物质生产提供的服务，如原材料运输、能源供应、信息传递、科技咨询、劳动力培训等。社会性服务指为整个社会正常运行与协调发展提供的服务，如公用事业、文教卫生事业、社会保障和社会管理等。广义的社会服务按服务性质可分为物质性服务和精神性服务；按服务的程度又分为基本性服务、发展性服务和享受性服务。

狭义的社会服务仅指直接为改善和发展社会成员生活福利而提供的服务，如衣、食、住、行、用等方面的生活福利服务。它是为促进社会的公平正义，在国家和社会的统筹下，由政府、社会组织、企业、志愿者等多元主体提供的旨在帮助特殊群体和困难群体改善生存和生活功能的社会服务和行动。

二、社会服务的发展变化

（一）西方社会服务的发展

社会服务是现代社会生活的重要基础，也是社会现代化的重要表现。严格来讲，社会服务是与人类相伴而生的，只不过古代社会服务的主要对象是

---

① O.威廉·法利，拉里·L.史密斯，斯科特·W.博伊尔. 社会工作概论 [M]. 11版. 隋玉杰，等译，中国人民大学出版社，2010：27.

家人，只有当家庭成员所提供的社会服务无法满足个体的需求时，才会转向其他社会成员或社会组织来寻求帮助。社会服务在西方的发展历史更悠久，已有100多年的发展历程，尤其是经过第二次世界大战以后的研究和实践，西欧、北欧和北美等发达国家和地区的政府和社会对社会服务的认识已经基本清楚，政府的社会服务管理机构和政策法规已经基本完善，社会服务对化解社会矛盾、保持国家稳定、提高人民幸福感、维护社会公正和社会公平、促进社会发展等都起到了重要的作用。

济贫法是近代西方社会保障制度的核心内容，济贫院是近代西方国家尤其是19世纪中期以后英国等典型福利国家提供政府救济的主要场所，它也被视为西方现代社会服务的重要开端。1834年，英国修订《贫困法》，这被视为是近代国家开展社会服务的开端。19世纪中期，英国的济贫院提供的主要社会服务类别是医疗服务，它用高墙将内部的贫民与外部隔开，并由一些可以领薪的工作人员来管理这里，包括院长、看守、神父、医疗人员、护士和教师等。1867年，英国议会颁布首都济贫法，将伦敦的各个联合济贫教区合并为一个救济区，成立首都救济局，并建立起首都急救服务系统；1868年，英国济贫法局为济贫医院添置设备，并聘用有训练经验的护士。1884年，教区牧师Samuel A. Barnett和妻子及一些大学学生在伦敦成立托因比服务所，从事社会服务活动。受此启发，两位美国人迅速将社会服务运动传到美国。1886年，美国人Stanton Coit在纽约建立邻里协会。1889年，美国人Jane Addams与同伴在芝加哥成立了赫尔大厦社会服务社。此后，社会服务运动迅速传到美国其他城市和欧洲、亚洲。19世纪末20世纪初，随着失业问题的日益严重，英国等国家开始实施失业保险制度，为参与失业保险制度者提供失业保险津贴，同时建立了劳工介绍所，为失业者提供就业服务。劳工局法令是英国议会1902年通过的一项法令，规定建立由税收作为财政基础的劳工局，几年之后，劳工介绍所也被英国议会批准。

20世纪上半期，随着西方国家社会保障制度的快速发展，社会保障制度的内容也越来越广泛，除了社会保险制度和社会救助制度外，还有各种社会福利制度和社会服务体系。例如英国的国民保健服务，为全民提供一般医疗服务及牙科服务、母婴关怀等。再比如美国1935年的《社会保障法》中关于美国社会服务体系的规定，使美国建立起联邦社会服务体系，作为西方国家中较早建立的较为系统的社会服务体系，其构成了联邦社会保障制度体系的重要内容。20世纪50年代，美国联邦政府首次向社会服务提供资金。1967年到1972年，随着社会服务项目的增多，联邦政府规定向州政府社会服务拨款预算最高限额为25亿美元。1974年，《社会保障法》中增加"社会服务固定拨款"一章，此后，联邦政府社会服务拨款预算的最高限额逐年上调。到1981年，大约有32.5亿美元的财政预算用于社会服务项目。此外，瑞典作为第二次世界大战后典型的福利国家，其社会服务的发展和成就也是举世瞩目。瑞典在20世纪30年代就有了社会服务项目，从20世纪60年代开始，尤其是70年代，随着经济实力的增强，社会服务的投入也迅速增加。就业服务是瑞典社会服务的重要内容之一，1934年，瑞典政府通过法律明文规定地方政府必须无条件为公民提供职业介绍方面的服务，而另一方面，以营利为目的的私人职业介绍所被逐步关闭。1947年，瑞典成立国家就业局，专门负责管理全国职业服务与劳工介绍制度。此外，儿童服务也在瑞典社会服务中占据了重要地位，瑞典政府为了保证儿童能够在家庭中得到充分合理的照顾和关怀，会对孩子的生活状况和发展状况进行调查并提出意见，若家长没有着手改善，孩子将被从这些家庭中带离，并由相关儿童福利机构照顾，以保障儿童的成长和身心健康。

20世纪70年代后期，西方社会服务进入了改革期。瑞典1982年颁布了社会服务法，法令为了尊重各种社会救济接受者的自尊心和独立意识，采用社会服务法代替社会救济法成为社会服务制度的基本法律，体现了更多的人道主义。20世纪90年代，瑞典政府引入竞争机制来提高各种老年社会服务资源的利用效果，这在一定程度上有利于地方政府与机构签订协议，共同承担老年服务与关怀的责任，同时逐渐实现社会服务的私营化。在美国，1982年里根政府提出推进社会服务地方化，这是社会保障制度激进改革的一项重要举措。1993年，克林顿政府提出健康保障法案，作为一项全民综合保健计划，它推动了美国健康保障制度的发展，然而在当时却遭到了来自各方的反对和巨大压力。

综合来看，西方在社会服务领域的发展历史久远，发展重点突出，发展效果明显。20世纪70年代以来，一方面西方国家发展迅速，普遍把创造就业机会、促进就业增长作为社会服务的主要目标和内容，纷纷调整产业结构，创造就业机会。另一方面，各国政府也大力开展职业培训，提高劳动者的职业技能，以促进劳动者能够顺利就业。80 年代后，主要西方国家将重点集中在公共就业领域，采取各种措施，促进青年就业，扶助青年自主创业，如英国的青年创业计划，法国的青年挑战计划。与此同时，医疗服务、儿童服务、养老服务等项目也在如火如荼地展开。

（二）中国社会服务的发展

普惠和高质量的社会服务已成为发达国家的重要标志。为满足全体社会成员在养老服务、教育服务、住房服务、医疗服务、救助服务、文体服务和就业服务等方面的需求，西方发达国家进行了社会服务改革，在为社会发展提供新鲜活力的同时，也实现了社会服务的转型发展。新中国成立以后，中国的社会服务事业逐步建立和发展，随着改革开放的逐步推进，中国的经济体制和社会体制都发生了较大变化，中国开始建立适应社会主义市场体制的中国特色社会保障制度，与此同时，中国的社会服务事业也取得了较大的进步，逐步建立起以养老服务、健康服务、就业服务和社区服务等为主要内容的社会服务体系。

建国初期，我国的社会服务长期被包含在单位服务之中，所谓单位服务，主要是指为集体成员提供的社会服务。单位制是我国计划经济时期经济发展和社会管理的基本形式，它是新中国成立以后，为了快速改变当时落后的生产、生活条件，快速实现国家对社会的有效控制与整合而采取的一种自上而下的行政手段，即通过单位形式对经济和社会形态进行重构。计划经济时期，单位服务处于中心地位，用于保障那些拥有集体身份的劳动群体，而对那些无法得到集体保障、生存困难的边缘群体，则采用民政服务的社会服务形式。总体来说，这种"以单位服务为主，以民政服务为辅"的社会服务体系结构，在当时很大程度上解决了居民和一些特殊困难群体的生存问题，改善了人们的生活状况。改革开放以后，经济体制转变，一部分人受企业改制的影响失去单位，另一部分人开始改变就业方式主动走出单位，转向社会寻求保障，单位服务对于集体成员的保护作用发生了结构性变化。在此背景下，我国的社区服务全面兴起。

随着市场经济的快速发展与人们社会需求的不断提升，社会服务的社会化开始全面形成，中国社会服务体系逐渐走向体系重构发展的关键期。1986年时任民政部部长崔乃夫在会议上首次提出社区服务的构想，由此拉开了我国城市社区服务建设的序幕，之后社区服务开始在一些城市进行试点和探索，并逐步在全国推开。2000年国务院办公厅发布《关于加快实现社会福利社会化的意见》，正式确立国家倡导资助、社会各方面力量积极兴办社会福利事业的新路子。"社会福利社会办"推动了我国社会服务提供主体、资金来源、管理方式等全方面的社会化改革。

我国的社会服务事业已经进入了快速发展期。十六届六中全会通过的《中共中央关于构建社会主义和谐社会若干重大问题的决定》中提出"以相互关爱、服务社会为主题，深入开展城乡社会服务活动，建立与政府服务、市场服务相衔接的社会服务体系"。党的十七大报告提出："深入开展群众性精神文明创建活动，完善社会服务体系，形成男女平等、尊老爱幼、互爱互助、见义勇为的社会风尚。"党的十八大报告进一步强调："深化群众性精神文明创建活动，广泛开展社会服务，推动学雷锋、学习宣传道德规范常态化。"党的十九大报告提出要"推进诚信建设和社会服务制度化，强化社会责任意识、规则意识和奉献意识。"党的二十大报告中提出要"完善志愿服务制度和工作体系"，并且要"引导、支持有意愿有能力的企业、社会组织和个人积极参与公益慈善事业"。中国式社会服务国家的构建需要以社会服务的公益性为基准，坚持社会服务的普及性和易得性，充分发挥市场在社会服务提供上的作用，并辅助政府补贴、价格管理、付费使用等方式，综合社会服务的碎片化，统筹城乡资源和服务提供要素，实现社会服务的有效整合，面向社会大众提供有质量的社会服务，增强人们的获得感和满意度。

第二节　大学生社会服务的功能与障碍

一、大学生社会服务

大学的社会服务职能起源于西方高校，美国的大学里正式确立了社会服务职能以后，世界各国的大学开始纷纷借鉴。受此影响，加上当时所处的历史条件所限，在民国时期，我国大学也开始模仿外国大学的成功经验，改革办学模式，鼓励学生加强同社会的联系。青年学生受各类教育思潮与社会的倡导，作为大学中的重要人力资源开始开展广泛的社会服务活动。

19世纪中期，由于当时工业革命所需要的知识与技术都是通过师徒制传递，因而社会对高校的知识与科研并没有过于强烈的需求，这就导致高校与社会间的隔绝，西方高校还处于封闭状态，当时大学生的社会服务意识还未形成。学生在闲暇无聊之余，会基于共同的价值取向形成小规模的学生社群，如学生同乡会，但其主要活动内容也只是文化体育活动而已，如饮酒、骑马、射猎等，与外界社会接触较少，社会服务意识薄弱。即使有的高校出于自身需要参与到了社会服务活动中，也只是体现了个别性和自发性的突出特征。16世纪末，作为当时学者和技师的聚会地点的英国格雷莎姆学院诞生，这也是高校社会服务活动的萌芽。为了满足社会需要，学校不仅设置了一些实用课程，还组织社会服务活动，如举办讲座、提供咨询等。19世纪初，德国先后进行了教育改革，确立了科学研究是高校的首要任务，也是重要的基本职能，高校学生开展科学研究的热情随之高涨，在社会服务方面也逐渐崭露头角，开始用科研成果服务社会各行业的发展。在社会服务形成的萌芽初期，社会服务活动还未在各地高校得到普遍接受，展开力度也相对较小。20世纪50年代后，美国高校的社会服务活动蓬勃发展，到80年代后期，学生的社会服务活动已全面展开。为了扩大服务范围，各高校还联合组织了"校内扩大服务联盟""海外发展网络协会"等。在美国，很多高校把社区服务作为本科教育中必不可少的一部分，其目的是帮助学生去理解他们不仅是个体，更是社会中的集体成员。此外，社会服务也是培养学生责任感与民族感的有效途径，对学生的学习动机、择业能力以及增强社会责任感、发展批判性思维技能产生积极影响，更能为社区的建设发展提供支持，深受政府、学校等各界的支持。

我国大学生社会服务的发展大致经历了萌芽、形成、发展和优化四个阶段。自西方高校社会服务职能传入中国后，许多有识之士纷纷发文表达自己的观点，呼吁青年大学生要积极参与到社会服务中，并为中国大学如何有效进行社会服务进行出谋划策。1924年，中山大学成立农学院，并将课程分为农学系必修课程与选修课程，而在课程计划中，学生参与"农村服务"实践是选修课之一。1934 年，燕京大学曾开设农村建设科，要求该科四年级学生除了做毕业论文设计外，每周四还要进行实地服务工作，以加深学生对乡村建设工作的了解。1980 年，联合国开发计划署、联合国志愿人员组织在中国招募数名前往外国服务的志愿者，以此项工作为契机，社会服务得到了更多青年的热切关注。1983 年，团中央、全国学联发出《纪念"一二·九"运动48 周年开展"社会实践活动周"的通知》，文件首次提出"大学生社会实践活动"的概念，得到了高校和青年学生的积极响应。20 世纪 80 年代末，在广州、深圳等城市，一大批热心公益活动的青年率先探索了适合我国实际情况的社会服务模式，将港澳地区的志愿服务形式和本地社会发展的需求相结合，但此时大学生的参与程度仍较低。1994 年中国青年志愿者协会正式成立，这是我国第一个全国性的志愿服务社团。次年，社区青年志愿者服务站开始创建工作试点。2000 年，为促进志愿服务精神的进一步传承和发扬，每年的3 月 5 日被确定为"中国青年志愿者服务日"，至此，我国的大学生社会志愿服务制度已初步健全。2001 年，我国开始实施志愿者招募登记制度，面向社会，而不仅是大学生招募有意愿参与社会服务的志愿者，与此同时，社会服务的项目也逐渐从国内向国外拓展，越来越多的海外服务计划上线，如为合作国家和地区提供包括文化体育、汉语教育、信息技术、农业技术等多项志愿服务。此外，在各大国际和国内赛事、会议论坛上也都能看到青年志愿服务的身影。

2016 年 5 月，习近平总书记在经济社会领域专家座谈会上的讲话中指出要"把论文写在祖国大地上"，这一思想为新时代大学服务经济社会指明了方向，大学生要走出象牙塔，把理论知识与经济社会发展实践相结合，以高质量的知识理论服务经济社会的发展需求。

二、大学生社会服务的功能

（一）社会服务的目标与功能

社会服务是政府和社会为了维护和保障全体公民，尤其是困难群体的社会福利，主导并实施的一项以照顾和服务为主的政策安排。其目标可以具体分为政治目标、社会目标、经济目标和道德目标四方面。政治目标主要是指通过社会服务来保障社会稳定，促进社会政策的落地执行；社会目标是指通过社会服务来实现社会公平、公正；经济目标是指通过社会服务来实现社会经济的协调和可持续发展；道德目标主要是指通过社会服务来提高社会的道德水平。不同国家在不同的发展和历史阶段中，四个目标的重要程度和优先级别是有差别的，它们可能同时存在，也可能单一存在或此消彼长，但总体来说，社会服务的目标是从单一到四个目标协调发展的总体趋势。

与社会服务的目标相对应，社会服务的功能也可以从政治功能、社会功能、经济功能和道德功能四个方面来理解。

1. 政治功能

政府作为社会服务政策的发起者、促进者以及社会服务的提供主体和责任主体，承担着保障全体社会成员生存与发展、调整社会整体利益格局、推进社会公平的重要责任，我国政府也把社会服务作为社会政策的重要内容。2016年年底，国务院出台了《"十三五"社会服务兜底工程实施方案》，随后又出台了一系列包括养老服务、残疾人、儿童福利等在内的社会服务领域政策；2021年，国家发改委、民政部等部门联合印发《"十四五"时期社会服务设施兜底线工程实施方案》，为进一步加强普惠性、基础性、兜底性民生建设，完善重点群体关爱服务体系，提高社会服务兜底能力和水平，织密扎牢民生保障网提出了具体的实施建议。目前，我国的社会服务体系基本形成了包含健康社会服务体系、残疾人社会服务体系、养老社会服务体系、青少年社会服务体系等在内的多方面齐发展的良好形势，服务内容不断创新，服务水平不断提高，对通过社会服务解决社会矛盾、规范社会行为、维护公平正义、促进和谐发展有重要的政治意义。

2. 经济功能

社会服务的经济功能主要体现在社会服务对经济发展的促进作用，可以调节经济运行、促进人力资源的合理配合。具体来说，在调节经济运行方面，社会服务可以在影响国民经济发展的相关领域内起到重要的辅助作用，促进市场机制作用的发挥，弥补市场自身缺陷，不断扩大服务范围，支持各类主体平等地参与并提供或享受社会服务，清晰合理地划分社会服务中的权责关系，同时也可以有效避免重复建设和投资，最大限度地保障社会服务的可持续运行。在促进人力资源合理配置方面，社会服务促进了人力资本的合理流动与提升。以就业服务为例，以就业服务为主体的社会服务工作可以有效地缓解社会就业压力、提供就业岗位、促进人力资源的合理流动与配置、提高劳动者素质与职业能力等。另一方面，社会服务事业的发展本身就需要很多的复合型人才，他们需要有扎实的理论功底、投身服务事业的热忱与社会责任感、敏锐的投资眼光、灵活的创新意识和过硬的实战本领。

3. 社会功能

社会服务的社会功能主要体现在实现社会公平正义上，偏向困难或特殊群体的社会服务可以有效地解决资源匹配不公平和经济发展不平衡的问题。对于部分弱势群体的社会服务项目，也从过去简单的物质救助向技术支持转移，也就是中国人所说的"授人以鱼不如授人以渔"，物质救助治标不治本，帮助这些弱势群体找到自力更生的方法才是社会服务的目标和意义所在。人民群众对美好生活的需要愈发强烈，这也对社会服务提出了更高的要求，社会服务也从早期保障基本生存的单一方向向丰富生活需求、促进社会公平正义、完善社会保障体系、推动政府职能转变的方面积极发展。

4. 道德功能

社会服务的道德功能主要体现在承担社会责任、提升社会道德方面。政府作为社会服务的责任主体，起着道德引领的作用，社会服务参与者同样需要社会责任的加持，才能在社会服务中持续地输出能量。但要想实现社会服务的良性发展，仅依靠参与者的道德自律是远远不够的，要实现社会服务体系的完善和有序发展，必须建立良好的激励和约束机制，建立公开、透明、高效的道德监管体系，提高社会服务资金的使用效率。

（二）大学生社会服务的目标与功能

对于大学生社会服务而言，其主要目的则更加具体和符合大学生的角色身份，主要目的可以概括为：了解社会，了解国情；理论联系实际，把课本知识与实践相结合；培养社会责任感和使命感；培养提前适应社会的能力；提前培养工作能力与协调能力；启发灵感，培养创新意识；提高个人素养，完善人格品质；培养职场人际交往能力；切身体验技术与生产的适用性；为毕业设计提供丰富的实践经验等。

　　培养人才、发展科技文化和服务社会是现代大学的三项基本职能，三者相互联系、相互渗透、相互影响，共同构成了现代大学的职能体系。培养人才是大学的立身之本，在任何一所大学中都应当是首要任务；发展科技文化则直接关系到大学培养人才的质量和水平高低，而社会服务作为大学培养人才与发展科技文化的延伸，是确保它们不脱离实际而存在的重要保证。大学生社会服务既是大学生主体价值的体现，又是提升大学生主体价值的有效途径。大学生参与社会服务活动不仅有助于大学生完善理论知识结构、丰富实践技能，更有助于提升学生主体的道德情感、社会责任感和内心的正能量，还有利于坚定大学生的共产主义信念、锻炼大学生不畏艰苦的意志力和百折不挠的精神。除此之外，大学生参与社会服务还可以帮助改善大学生的学习动机，树立明确的学习目标，合理进行学习安排；改善生活习惯，建立良好的人际关系；强化职业认识，端正职业态度，以及丰富职业理想。

　　1. 经济功能

　　大学生社会服务对于促进经济增长有重要的作用。通过社会服务创造的经济效益，可以直接减低经济运行成本，减轻经济负担。大学生参与社会服务的行动成本相对较低，基于大学生群体的性格、体力和时间方面的特性，其运行效率又是相对较高的，因此可以体现出较大的经济效益。近些年的一些国内、国际重大赛事和会议论坛上，大学生志愿者都是不可缺少的重要部分，他们的服务为大型活动的开展有效地节约了运营成本，并表现出了独特的价值，他们被安排在表演、翻译、服务等各个工作领域，而且都非常出色地完成了工作任务。此外，大学生社会服务也具有协调区域经济发展的功能。在一些贫困地区的帮扶服务中，大学生群体也发挥了重要的作用，他们积极投身扶贫志愿工作，为贫困地区的经济发展提供了大量的人力和智力，校园公益捐赠也在一定程度上提供了物力支持。

　　2. 政治功能

　　大学生社会服务的行动在很大程度上是对国家政策的具体落实与实施，是对国家政策的细化与分解，使之能够通俗易懂、深入乡间地头，被老百姓理解和接受，他们的服务为国家和人民，尤其是在弱势群体之间搭建了一座桥梁，起到了良好的沟通协调作用。另一方面，大学生社会服务也具有稳定功能，在扶弱济贫、促进社会关爱、缓解社会发展中存在的各种矛盾方面体现了重要的价值，对于完善社会保障体系起到了补充和辅助作用。

3. 文化功能

大学生社会服务创造了良好的人文关怀氛围，尤其对面向弱势群体和特殊群体的社会服务能够有效地输出关怀，让人们感受到社会的温暖与力量，使中华优秀的传统文化得以传承和发展，有助于增强人与人之间、不同阶层之间的相互理解，营造温暖的人文关怀环境，形成浓郁的文化风气，有利于社会文化环境越来越纯粹和高尚。另一方面，大学生在社会服务的过程中不仅弘扬了中国传统文化，也吸收和传播了先进文化，缩小了文化沟壑，成为了文化融合、文化沟通的纽带与桥梁。

（三）大学生社会服务经历在就业中的优势

1999 年，约翰·威尔逊（John Wilson）和马克·A·缪其克（Marc A. Musick）出版了《志愿者》一书，他们对参加社会服务是否会给志愿者带来有利的影响进行了深入研究。研究发现：参加社会服务有利于调节志愿者的心情，志愿者可以在社会服务中取得成就感和舒适感，心情低落的可能性随着参加社会服务持续时间的长短变化而变化，服务持续时间越长，心情低落的可能性越低，并且从社会服务经历中所收获的成就感与舒适感会在服务结束后仍然持续很长一段时间；此外，参加社会服务也可以让志愿者合理安排生活中的大小事务，锻炼协调各种事务时间的能力。这一项研究可以从侧面反映出有社会服务经历的大学生对生活充满热爱，有激情，并有能力协调时间。2001 年索茨（Thoits）和休伊特（Hewitt）通过研究发现，大学生参加社会服务能够在幸福感、生活满意度、心理调节、自我认知、生活控制感和压力释放等六个方面受益，明确表明社会服务对参与者心理健康的有利影响。国内学者也对此方面展开了大量详尽的研究，研究发现大学生在参加社会服务后，丰富了校园生活，提高了心理素质，内心的情感需要也得到了满足，这些都对大学生的健康成长产生了有利影响。社会服务可以锻炼参与者的各种能力，例如动手能力、团结合作能力、适应环境能力、社会交往交流能力、创造创新能力等，多参与社会服务对个人能力的提升有积极影响，这也使参加社会服务成为大学生提高自身就业能力的重要方式之一。有过社会服务经历的大学生在自我认知、社会认知、就业能力等方面都有所提高，可以更好地就业，并且参加社会服务对大学生职业规划、发展有重要意义。

知识经济时代，人才竞争愈发激烈，不仅企业之间争夺人才，求职者也在求职的海洋里内卷厮杀。对于刚毕业的普通大学生而言，他们与社会人才相比缺乏工作经验，与技术型学校的毕业生相比缺乏技能，是一群理论知识多于实践经历的理论型人才。相比之下，在校期间拥有社会服务经历的学生，在交际能力、协调能力、操作能力、应变能力等方面都有更突出的表现，而且他们与企业实习经历相比，又表现出更多的社会责任感和奉献精神。

1. 有利于提高实践技能，积累实践经验

在长时间的应试教育中，理论文化课的重要性远高于社会实践，家长、老师对学生的要求基本都是文化分数要高，甚至为了提高文化课成绩牺牲了所有课余时间和活动。许多学生在这样的教育体制和理念的影响下，即使到了大学，也只是比较重视专业知识的学习，追求优异成绩，而忽视了知识转化为实践的能力。高分低能的学生，无法为企业展示优秀的实战能力，企业一般也不会选择这样的学生。

相比之下，企业更重视学生的实践能力，比如学生在大学期间的实习经历，做过哪些工作，对企业和社会有哪些贡献，自己又有哪些收获。在应聘过程中，大学生如果有一定的社会服务经历，能够向企业展示具体做过什么事、服务过什么人或项目，遇到什么困难，如何解决困难等，这会让面试官对应聘者更感兴趣，面试成功概率更高。

2. 有助于提高各项能力，为面试加分

参与社会服务的过程也是合作、沟通、不断学习和进步的过程，整个过程中，参与者的专业知识、人际交往能力、团结协作能力、应变反应能力、组织策划能力等都将得到很好地锻炼与发展。例如法律专业的学生，如果从事法律服务等社会服务工作，则是对自身专业的技能提升；如果从事人文关怀等社会服务工作，又是对自己人际沟通能力、团队合作能力的提升。无论是何种能力，都将是企业招聘与选拔合格人才中特别关注的部分。

实践能力在企业招聘中的比重越来越高，更多企业会关注求职者的实习、实训经历。企业认为这些学生会更快熟悉工作，更懂得如何进行团队合作，综合能力也会更高。因此在面试过程中，有良好表现的社会服务经历会更加吸引面试官的注意力，从而为自己争取额外加分。

3. 有助于全面认识自我，正确选择职业

中国的传统教育偏重理论，学生在追求成绩的同时容易忽视实践能力。近几年，高校纷纷向应用技术型高校转型，理论课程中搭配了实训、实践等类别的课程，但总体上对社会服务实践课程的关注较少，也没有对学生参与社会服务的情况和效果进行控制和要求，大部分学生从事的实习和实训也都是结合本专业进行的，很少有可以尝试其他专业的机会。但是对于很多学生来说，可能存在所读的专业不是自己喜欢的情况，或者有的学生在求学过程中想涉猎更多的领域以发现自己更多的才能，那这些阻碍都可能导致他在毕业后找不到自己心仪的工作。

我们强调大学生踏入社会前一定要对自己有明确的定位和清晰的认识，要有符合实际的职业发展规划，要对自己是否适合某种职业有清晰的认识。社会服务就是一个有助于认识自我、认识社会的重要平台，通过参与活动可以清楚地了解自己是否喜欢某一职业，以及某一职业未来的前景如何，从而帮助自己正确认识自我，正确选择职业。

4. 有利于培养奉献意识，塑造良好品格

社会服务是无偿性、自愿性的活动，愿意参与社会服务的人自身都具备了服务和奉献的品格。大学生的课余时间相对较充分，空闲时间为有需要的人提供力所能及的帮助，是一个人具有奉献精神和社会责任感的证明。所以，拥有社会服务经历的大学生会帮助面试官对他形成一个良好的印象，而对于一个注重品格的企业，社会服务经历是最好的说明书。即使是在生活中，良好的品格也是必需的，多参与社会服务，培养自己的奉献意识，为社会发展和人民幸福贡献力量。

（四）大学生社会服务与乡村振兴

1. 大学生服务乡村振兴的意义

《中共中央国务院关于实施乡村振兴战略的意见》中明确提出：实施乡村振兴战略，必须破解人才瓶颈制约，要把人力资本开发放在首要位置。建立乡村人才培育引进使用机制，将自主培养与人才引进相结合，学历教育、技能培训、实践锻炼等多种方式并举的人力资源开发机制。建立城乡、区域、

校地之间人才培养合作与交流机制。加强农村专业人才队伍建设，发挥科技人才支撑作用。目前农村高素质人才资源相对匮乏，在减贫脱贫、乡村振兴方面存在人才资源壁垒，而高等院校作为培养人才、科技研发和知识汇集的中心，是改善农村贫困问题的重要组织之一，也是实现乡村振兴目标的重要手段，高等教育服务农村社会是推进农村贫困群体减贫脱贫的重要途径。大学生社会服务正是将高等教育资源引向农村的一座桥梁，高校可以利用其人才优势解决农村发展难题，利用先进的知识信息和科学技术推动农村经济的发展；农村可以为大学生提供实践基地，在社会服务过程中转化理论知识、丰富人生阅历、发挥个人价值。尤其是作为高等教育重要组成部分的地方院校，其与地方经济发展紧密联系、互动充分，是彼此依赖、相互依存的关系。地方院校更应该利用自身地理位置优势、人才优势、管理优势和专业优势，采取适当措施鼓励大学生参与社会服务。社会服务的发展也需要打破传统思维壁垒，与时俱进地向更多领域延伸，并且充分发挥青年主体力量，实现社会服务与相关领域的共同发展。因此，在乡村振兴及脱贫攻坚的号召下，鼓励大学生参与社会服务，为新农村建设和乡村振兴贡献一份力量，具有非常重要的意义。

2. 大学生服务乡村振兴的领域

目前大学生服务乡村振兴的主要领域集中在人才培养服务、科学研究服务、文化建设服务、日常生活服务等方面。

（1）人才培养服务

人才培养服务主要是高校为农村干部、教师、农民、学生等开展相关教育和培训，比如针对干部的培训班、针对农民的技术培训、针对儿童的支教等等。多年来，各高校已经为乡村各地培养了一批推进农村教育改革的带头人，间接提高了农村教育的整体水平，也大大提高了农村教师的教学水平，提升了农村受教育儿童的整体素质，为农村的教育事业作出了贡献，尤其是大学生在支教农村中发挥了突出的作用。农村的教育资源相对紧缺，大部分农村孩子也缺少父母的关爱，大学生通过支教进行教育扶贫，对自身而言，提升了自身的知识水平和教育教学能力，锻炼了独立生活的能力，磨砺了艰苦奋斗的意志，加强了思想政治教育，成为了愿意辛勤耕耘、默默奉献的优秀人才；对学校而言，最大限度地扩展了高等教育扶贫的路径，发挥高等院校参与扶贫的能力；对农村而言，不仅节约了教育成本，更实现了提高农村教育水平和促进教育均衡发展的双重目标。

（2）科学研究服务

科学研究是高校的基本职能之一，也是大学生上大学的基本任务之一，科学研究的成果是否有效，在实践中可能遇到哪些困难，这些都需要在实践中加以证实和提高。近些年在乡村振兴战略的指导下，农村成为不少青年新的事业"战场"，尤其是互联网的高速发展，大大推动了"互联网＋"模式在农村各领域的突破与进步。为乡村建设提供科学研究服务，一方面可以检验科学成果的优劣真伪，促进科学成果水平的提高；另一方面可以服务建设，对乡村建设发展起到积极的促进作用。

（3）文化建设服务

对于艺术类院校来说，服务农村建设的最佳渠道便是推动乡村文化建设服务了，可以通过发挥自己的特长，为村民表演或开展培训，或为农村儿童开展第二课堂或兴趣班课程，丰富他们的课余生活，提高精神文明水平。就像 90 后山东小伙赵光远，将自己精湛的绘画技术带入了大芬油画村；95 后大学生陈亮银带着自己的乡村墙绘团队，将家乡变得更加美丽。

（4）日常生活服务

除了上述问题，日常生活服务也是大学生社会服务的一个重要领域，尤其是近些年来农产品滞销成为农村普遍存在的问题，而当下的电商和新媒体是解决这一问题的有效方法。大学生可以发挥自身智力资源优势，组建电商团队，帮助农民销售农产品，或者帮助农村打造属于自己的电商品牌。有了品牌，有了销路，农村的青壮年不必再外出务工，不仅可以合力发展家乡事业，留守儿童、留守老人等问题也可以间接得到很好地解决。

3. 大学生服务乡村振兴的途径

大学生服务乡村振兴可以通过下派驻村干部、开展定点扶贫、开展培训、开展三下乡社会实践活动等途径展开，具体说来，可以从以下方面入手实施。

（1）实现校村合作，建设"帮扶—实践"基地

由于对就业率的高度重视，学校偏重于对学生的实习或实训能力的培养，校企合作成为目前高校中常见的人才培养模式。相比之下，对学生社会服务能力的重视度较低，虽然近几年许多高校陆续开展了扶贫形式的社会实

践活动，但由于名额有限，大部分有意愿的学生被拒之门外。

校村合作，即高校与行政村以合作的方式相联结：行政村作为高校的帮扶对象和学生的实践基地；高校为行政村提供师资和学习条件。行政村可供学生实践的领域非常广泛，以新型农民职业化培育为例，国家指导的培训内容包括新型职业农民的综合素质、生产技能和经营管理能力三方面，具体可细分为职业道德素养、团队合作、新知识或新技术的应用、品牌创建、市场营销、企业管理、融资担保等。而这些课程中有很多是大学生，尤其是涉农院校学生的在校学习课程，学生在经过指导和练习之后完全有能力参与其中。学生参与、演示指导或者帮扶的过程，也是巩固已学知识、加深理论思考、培养社会责任感的过程，对于学生学业的提升和责任感的培养有很大的帮助。在国家政策的指引下，新型职业农民实习实训基地和创业孵化基地将逐渐建立并完善，新型培育模式及信息化手段也将得到全面推广及应用。大学生的理论知识和课余时间与新型农民职业化培育可提供的空间和机会可以通过社会服务桥梁得到融合。

因此，建议高校与行政村实现校村合作，建立稳定的"帮扶—实践"基地，以社会服务的方式将在校大学生引入乡村振兴项目中。涉农院校学生可以发挥所长积极参与到农民生产技能提升的培训课程中，其他院校还可以将合作范围扩展至有条件的农业企业和农民合作社等机构，深化产教融合，鼓励学生将营销、信息化等知识应用于经营管理能力提升类培训课程中。

（2）建立追踪机制，保证社会服务的持续性

在前期调查中发现，参加过社会服务的学生里绝大多数仅参与过一两次，这也反映出我国社会服务参与者的一大缺点，即缺乏持续性。社会服务活动年年举行，但大部分参与者因为已经参加过而退出，这一点在校学生会或校青协组织的人文关爱类活动中表现尤为突出。偶尔一次的参与是无法肯定或培养一个人的责任感和奉献意识的，更无法提高学生的实践能力和理论基础。因此，高校有必要建立长期追踪机制，监督和保证学生在校期间有至少2～3年或4～6次的社会服务经历，在微观层面实现社会服务的持续性。

以新型农民职业化培育工作为例，这并非一期培训或几节课程就可以达到目标的。培训课程结束后需要将培训内容进行转化，尤其是从理论到实践的过渡需要细致和频繁地指导。《"十三五"全国新型职业农民培育发展规划》

中指出组织培训的机构和实训基地要对新型职业农民培育对象开展一个生产周期的跟踪指导；涉农院校等公益性机构需要建立跟踪服务长效机制。如此重要且耗时的工作，仅靠政府机构、院校老师是无法有效承担的，因此有必要将在校学生纳入长期跟踪服务体系中。随着大学生课业深度广度的增加，学生可以参与新型农民职业化培育的内容也越来越广泛。例如涉农院校的学生在低年级时可以跟随老师旁听辅导课程，在中年级时可以协助老师进行技术指导，比较优秀的高年级学生或研究生便可以独立进行技术指导工作。即使是非农院校的学生，信息化或网络操作等基础应用课程的讲授或跟踪指导工作也完全可以承担。这种方式不仅可以锻炼学生，缓解跟踪服务人员短缺的困境，更可以解放老师的时间去从事其他科研工作或解决疑难问题，实现人力资源和时间的高效配置，从宏观层面实现社会服务的可持续性。

（3）丰富成果形式，完善成果认定渠道

大学生对参与社会服务的成果形式及成果认定问题也存在担忧。目前，参与社会服务的证明形式多为书面证书、奖杯或奖牌、社会服务机构出具的书面证明等，这些证明大多为参与性证明，对参与效果或服务质量的证明力度较弱。有些社会服务活动甚至无法为参与者提供书面证明，例如学校团体组织的人文关爱类活动。但大学生参与社会服务的事实是可以通过多种方式证明和表现出来的。以新型农民职业化培育工作为例，除官方证明外，还应该包括学术类证明、活动类证明、农民表现证明等。其中学术类证明是指学生通过参与农民职业化培育项目提高了理论水平，或在实践基地展开学术研究，并最终以论文、研究报告、发明专利等形式作为成果证明；国家支持新型职业农民在产业发展、生产服务、营销促销等方面开展联合与合作，学生协助或参与策划的此类活动可以作为活动类证明；而农民在经过培训后获得相关证书、技能得到提升等实质性进步也应该被作为学生参与社会服务的有效成果。

除了成果形式的扩充，政府、高校、企事业单位等对上述成果的认定和认可也非常重要。只有成果得到了广泛的认同，学生才会有继续参与的动力，未参与学生才有意愿尝试，如此才能打破原有壁垒，形成良性趋势。

除此之外，经过认定的成果形式还可以作为高校惩罚问题学生的一种方式。相比简单粗暴的处分、留级或休学，"惩罚"学生去合作行政村完成规定时长的社会服务项目可能会让学生对责任、学习和人生有更深刻的认识，这也是对国外社会服务经验的有效借鉴。

（4）将社会服务经历纳入用人标准，形成倒逼机制

高校对学生的培养模式往往是以用人单位的用人标准为参考，因此用人单位合理、完善的选拔条件才是牵一发而动全身的基础。

学生参与社会服务对其理论知识的掌握、专业技能的提升以及责任感等综合素质的提高都有显著作用。以新型农民职业化培育工作为例，通过参与新型农民职业化培育项目，涉农院校的学生可以验证已学理论，促进知识转化，提高专业技能；非农院校的学生可以将本专业与互联网＋农业相结合，拓宽知识领域，培养创新思维。这些学生会更加符合用人单位的用人要求，尤其对于选调生、村官等特殊岗位，农村领域的社会服务经历更具有说服力和竞争力。

如果用人单位将社会服务经历纳入选拔标准，将会倒逼学校和学生采取必要行动来达到标准。高校会根据用人单位的要求采取必要的措施推动大学生积极参与社会服务；而学生也将会合理安排大学时间，将参与社会服务纳入个人的大学规划中，并积极实践。

（5）高校内设立社会服务管理部门，统筹学生社会服务工作

学校渠道和支持对于大学生参与社会服务有重要作用。高校内有必要成立社会服务专项管理部门，统筹学生的社会服务工作。部门职责包括但不限于社会服务信息的收集与验证、社会服务信息宣传、鼓励学生积极参与的相关政策的制定与实际支持、社会服务的报名与资格审核工作、学生参与社会服务档案的建立与管理、与社会服务对象及政府部门的对接、学生参与社会服务过程中的监督与管控、学生参与社会服务的成果认定及奖励、以"惩罚"为目的的社会服务工作的开展，以及社会服务工作的持续性保证，等等。

三、大学生社会服务的障碍

（一）大学生社会服务的障碍及原因分析

1. 缺乏正确的思想引导

随着社会经济的发展，一些错误的价值观也逐渐影响着大学生的思想，

比如拜金主义、享乐主义、个人主义等。大学生可塑性强，敏感性高，极易被这些不良风气所影响，思想逐渐遭到侵入，价值观产生偏移，最终导致部分大学生在道德感上的匮乏，进而影响了大学生参加社会服务的动机。这些都对大学生社会服务的开展带来了较大的负面影响。

（1）受拜金主义影响。经济的发展会导致一部分学生认为金钱至上，错误地把金钱看成衡量一切的准则。首先，拜金主义会直接影响大学生的价值判断标准，这种影响是潜移默化的，是可以相互传染的，扭曲了他们对事物的理解和看法，影响了大学生对社会服务的投入热情和动机。其次，拜金主义还会影响大学生的行为判断，即认为在大学里学习和实践已经不是最重要的事情，在尚未建立健全的价值观、人生观和世界观时便着急去挣钱，再无精力去提升和完善自身人格和能力。比如找工作时只注重追求高收入，而忽视了大学生应对国家、社会和个人承担的社会责任感。

（2）受享乐主义影响。部分大学生将满足自身欲望作为最大目标，比较充足的个人闲暇时间让大学生能更加方便地获得享乐主义带来的快乐，比如沉迷游戏，追求名牌，或追求刺激，长时间沉迷其中会使其无法融入社会，不仅不会给他们带来内心的充实，反而内心越发空虚。

（3）个人主义盛行。生活条件变好，信息技术发展，大部分学生无需担忧生活，而有更多的时间去网络上探索和接受多元化信息。有的学生盲目追求所谓的自由文化，忽视了现实中理应担负的社会责任，凡事只在乎自身利益，不能顾全大局，不愿做出让步。在就业形势严峻的状况下，部分大学生更多的是关注自我的生存状态，忽视自身道德的修养和社会责任的担当。

2. 法律和社会支持力度不足

我国社会服务事业的发展还不充分，加上非营利性的特征，这就决定了它必须得到来自社会各界的大力支持才能持续发展。社会服务面临的障碍中，社会支持力度不足也是一个重要的原因。

社会服务涉及的范围非常广，相应地需要承担的风险也较大，然而在社会服务项目的实际运营过程中，相关法律法规还不完善，很多参与者并未有保险或保险条款有限，以至于他们在服务过程中得不到足够的保障。比如不法分子假借社会服务骗取钱财，但受骗者却难以将钱财悉数追回等的情况时有发生，这些都是阻碍大学生参与社会服务的原因之一。另一方面，社会对于志愿精神的宣传和理解还需加强，大学生投身社会服务除了自己坚定的意志以外，更需要来自家人、朋友、学校、社会的理解和支持，尤其是当他们在工作中遇到困难时，健全的社会支持系统是鼓励他们继续工作，出色表现的重要保障。有时候大学生投身社会服务的行为并未得到来自朋友、家人和服务对象的充分尊重和理解，甚至遭到了一系列的道德绑架，若长期面对不信任、不配合的态度，将会严重打击这些学生的服务积极性，服务热情挫败、消极被动甚至随意退出。

3. 高校重视程度不够

高校在社会服务体系的建设中发挥了至关重要的作用，是大学生社会服务发展的重要依托，高校对社会服务的培育和重视程度直接决定了大学生社会服务活动的质量和水平。然而现实中高校对大学生社会服务培育并不充分，对学生志愿精神的宣传不足。学生大多只是被动地接受团委或协会布置的任务，较难在服务过程中融入自己的兴趣和情感，效果不佳。另一方面，高校在组织大学生开展社会服务时普遍将关注点较多地停留在如何组织实施具体活动和项目上，而忽视了对社会服务的内在支撑，在大学生志愿者的招募、培训等方面投入的精力较少，也缺乏相应的管理，比如并没有把社会服务与大学毕业或某种层次挂钩。

随着信息时代的发展，网络的作用更加突出，高校管理方式上的创新尤其需要网络的辅助。高校对大学生社会服务数据的管理及运用相对滞后，难以对其持续发展提供科学的依据和有效的支撑。一方面，以往社会服务数据的利用率不高，未能充分利用已有数据来发现一些具有规律性、原则性的数据；另一方面，高校社会服务网站的数据搜集功能发挥不充分。虽然大学生对网络的依赖度相对较高，拥有海量的信息资源，但作为网络的主力军，却难以将这种依赖转化为热爱，这不利于大学生社会服务数据的统计和分析，进而难以实现数据化管理。

4. 社会服务组织管理能力不足

社会服务是一个系统而持久的工作，社会服务机构是否系统化、程序化、规范化，是否能够与高校有效衔接将相对分散的大学生志愿者资源进行有效地整合，是影响大学生社会服务的又一项重要因素。具体来讲，社会服务组织管理能力的不足主要表现在两个方面。

第一，缺少创新意识。大部分社会服务组织是在上级团组织的领导下实时管理和发展的，因而会有一定的依懒性，自主和相互配合的意识不足，对活动的开展缺少长期规划，甚至会更加偏爱"短期"效益，追求稳定，缺少创新意识，难以形成独有的特色和品牌文化。

第二，缺少对大学生的心理关注与疏导。在具体的社会服务实践活动中，大学生由于自身情绪和能力问题，在面对一些歧视和委屈或者困难时，常常表现出心理素质不稳定性、意志消沉、热情减退、力不从心，甚至自卑的情况，如果不能得到及时的关注和心理疏导，必将导致退出组织的结果。此外，社会服务组织的评估机制不完善，也会使大学生不能及时获取反馈信息或得到应有的肯定和奖励，最终出现中途放弃、敷衍了事的现象。

5. 大学生自身机能不足

大学生作为高校社会服务活动最直接的参与者和实施者，其自身素质及能力的高低也直接影响着社会服务工作的开展。近年来，随着社会服务事业的深入发展，对大学生志愿者的综合素质提出了更高的要求，大学生素质的提高除了政府、社会、高校给予的关怀和支持外，内在的根本动力在于自身的主观能动性以及大学生的自我教育。然而部分大学生服务意识不高，对志愿精神和志愿服务的认知存在偏差。有的学生从事社会服务工作只是出于从众心理或为了打发时间，外在动机的作用及服务价值观的不彻底，在一定程度上影响了社会服务活动的可持续发展及服务的质量。另一方面，大学生的首要任务仍是学习，顺利毕业并找到一份满意的工作是学生的首要目标，因此学习也成为了大部分学生花费时间最多的一项活动，尤其是现在内卷严重，考研、工作、考编等内卷更为严重，在面对学业及就业压力的情况下，部分大学生选择不参与或是终止服务是极有可能的，精力分配不足是影响大学生社会服务长效发展的重要因素。

（二）大学生社会服务障碍的应对措施

1. 建立健全大学生社会服务支持体系

西方国家的社会服务体系发展较成熟，这与其相对健全规范的法制体系有很大关系，社会服务的开展依赖于国家、政府、社会及个人因素共同建设的制度保障机制，健全的社会服务支持体系对大学生社会服务活动的可持续发展至关重要。我国社会服务的法律主要是保护社会弱势群体方面，如《未成年人保护法》《老年人权益保护法》《残疾人保障法》《公益事业捐赠法》等，针对社会服务的精准法律制度相对较少，针对大学生社会服务的相关规定就更少了。2006年，党的十六届六中全会后，中央精神文明建设指导委员会出台《关于深入开展社会服务活动的意见》，文件指出要加强学校和社会的教育，青年是社会服务的主力军，要加强大学生思想教育，提高大学生社会服务意识。2008年，中央指出各级政府要进一步加强对学生参加社会服务的领导，建立大学生社会服务支持机制，引导大学生积极参与社会服务活动。近几年，党和中央对社会服务的关注度上升，虽有文件支持，但对学生参加社会服务的具体方面还没有形成细化要求。因此，目前的当务之急是要加强立法工作，建立相应的制度保障支持机制，为大学生参与社会服务提供有利环境，明确社会服务的法律地位、承办部门、运作模式、职责范围、资金使用、权利义务等内容，这将会大大提高社会服务的社会地位，得到更多人的重视。

2. 完善社会服务的招募选拔机制

招募选拔符合条件的人选是保障社会服务工作顺利开展和完成的基础，由不适当参与者的中途退出或错误操作所带来的弊端和损失会给社会服务工作带来严重的损失。招募选拔不是简单地增加人员，而是要为各个社会服务项目挑选适合的参与者，要为社会服务工作把好入门关，这样既可以保障参与者和社会服务工作的质量，又有利于完成长效服务机制的建立。具体来说，招募选拔应做好如下几方面的工作。

第一，招募选拔工作要遵循科学的选拔原则，采用多样化的招募方式和选拔标准，重点考核志愿者的服务动机。招募选拔之前要制定好具体的岗位细则和任职资格标准，岗位的设置要有一定的吸引力，招募的人数、类型、比例等要根据实际需要，避免造成不必要的人力资源浪费；招募选拔可以采用多种方法灵活进行，由于社会服务工作领域广泛，所需人才和能力也多种多样，对于不同能力的考核方式不尽相同，对于技术要求较高的岗位可以采用定向招募的方式，对于极度稀缺的人才甚至可以免试录用。另外，在招募选拔过程中，尤其要注意考查应聘者的动机，追求新鲜感或者为了借机获得某些利益的不当动机会严重影响社会服务的质量。

第二，要完善注册登记制度，建立互联网数据资料库。招募选拔工作之后，要将注册登记工作做完整，并录入互联网数据资料库。数据库的信息资源不仅可以长期储备，节约保存成本，还可以实现网络衔接，便于查询、核实与甄别。因此建立动态的社会服务资源数据库，可以将志愿者的相关信息进行有效地整理和保存，相关数据可为我国大学生社会服务工作的长远发展提供数据支撑。

3. 校企联合推动学生积极参与社会服务

高校在应用转型过程中，不仅要重视实习和实训的重要作用，更不能忽略社会服务对大学生实践能力的重要影响。高校要重视对学生群体的思想政治教育，培育学生的奉献精神和社会责任感。大学培养人才不仅是要教书——专业知识扎实，更要育人——思想道德端正，成人的学生才能成才。推动大学生投身社会服务，是对大学生进行思想政治教育的现身说法，在培育学生奉献精神和社会责任感方面的作用远远大于理论宣讲。所以高校要不断开展思想道德教育、加强社会服务宣传，例如定期或不定期开展讲座、邀请优秀志愿者或义工分享心得，组织观看社会服务纪录片等，让学生接受社会服务的熏陶，在正能量的影响下茁壮成长。同时高校还应该设立责任部门，负责统计和发布社会服务的重要信息，为学生参与社会服务提供可靠的渠道和保证，推动本校学生积极投身社会服务。

企业将社会服务经历纳入选拔条件，不仅有利于筛选更优秀的人才，还可以倒逼学校增加对学生社会责任和实践能力的关注。企业可以将社会服务经历纳入到招聘的考核之中，提高社会服务经历在考核标准中的占比，优先考虑录用拥有社会服务经历并完成较好的求职者。

4. 建立科学高效的评估激励机制

科学的评价是总结经验、吸取教训的有效手段，评价制度是否完善、评价结果是否全面、评价程度的高低都关系到参与者今后的服务热情。评估机制要有清晰的评价目标、量化的评价标准、明确的评估主体和多元化的评价方式。评估要科学公正全方面，既要包含工作的数量，也要包含工作的质量。评估的本身也是一个变相激励的过程，将大学生社会服务的评估结果作为奖惩的依据，可以有效激励大家对后续工作的投入。激励要情感激励与目标激励相结合，在人文关怀的基础上，尊重大学生志愿者主体性地位，设置科学合理的目标，激发其参与动机，培养其责任感，从而增强社会服务的生命力，保障社会服务的可持续发展；还要物质激励与精神激励相结合，过度的物质激励在某种情况下会失去激励的意义，丢失服务的内在动机，甚至可能为了奖励而损害其他成员的利益。因此，要以精神激励为主，物质激励为辅，端正大学生的服务动机，培养奉献精神，坚定其从事社会服务的决心和信心。此外，组织者对志愿者的工作提出反馈信息，包括赞美表扬他们的工作并鼓励其继续努力，对行为偏差提出建议，反之，组织者也需要接受志愿者对其提出的要求和意见，并及时给予满足和完善。

第三节　大学生社会服务的主要内容

一、老年社会服务

（一）老年社会服务的必要性

养老事业和养老产业的发展受到党和国家的高度重视，"十四五"时期，我国开启全面建设社会主义现代化国家新征程，党中央把积极应对人口老龄化上升为国家战略，并在《中华人民共和国国民经济和社会发展第十四个五年规划和 2035 年远景目标纲要》中作了专门、详细的部署。人口老龄化是人类社会发展的客观趋势，我国具备坚实的物质基础、充足的人力资本、历史悠久的孝道文化，完全有条件、有能力、有信心解决好这一重大课题。同时也要看到，我国老年人口规模大，老龄化速度快，老年人需求结构正在从生存型向发展型转变，老龄事业和养老服务还存在发展不平衡、不充分等问题，主要体现在农村养老服务水平不高、居家社区养老和优质普惠服务供给不足、专业人才特别是护理人员短缺、科技创新和产品支撑有待加强、事业产业协同发展尚需提升等方面，建设与人口老龄化进程相适应的老龄事业和养老服务体系的重要性和紧迫性日益凸显，任务更加艰巨繁重。二十大报告也从"增进民生福祉，提高人民生活品质"的角度阐述了养老事业和养老产业的发展方向，即实施积极应对人口老龄化国家战略，发展养老事业和养老产业，优化孤寡老人服务，推动实现全体老年人享有基本养老服务。

人进入老年期后，身体机能逐渐衰退，劳动能力、生活自理能力减弱甚至逐渐丧失，更重要的是在这一过程中，老年人的心理也承受着巨大的压力感、无助感和无力感。有些老年人未富先老，老年生活质量得不到保障，有些老年人缺乏家人的关爱与陪伴，空巢老人占老年人家庭的比例逐渐上升。开展老年社会服务，落实老年人的社会和生活保障，协助家庭照顾老年成员，为老年人提供多种形式的社会服务，使老年人能够保持独立和尊严，积极参与社会活动，幸福地安享晚年，对促进社会主义经济的发展，加强社会主义物质文明和精神文明建设有重要的意义。

此外，我国的老年人文化结构差异较大，总体文化层次较低，这也间接影响了他们的经济收入和精神生活。开展老年社会服务工作，结合老年人的特点，因地制宜，多渠道、多层次、多形式地开展老年教育培训，为老年人受教育和学习培训创造条件，可以提高老年人的整体素质，从而提高全民族的受教育水平。还可以通过学习培训，挖掘潜能，满足老年人再社会化需求，帮助他们重新参加工作，发挥余热，缓解孤独感，防止大脑过早衰老，满足精神生活需要，提升自我价值感，对于老年人的身体和心理健康都有重要的意义，也间接实现了老有所养、老有所医、老有所教、老有所学、老有所为、老有所乐的目标。

（二）老年社会服务内容

老年社会服务主要是针对 60 岁及以上的社会成员，以满足其对社会服务的要求，是国家和社会回应老年人需要的体现。老年社会服务的项目主要有三种形式：一是社会化和个人成长的需求；二是日常生活时需要协助的需求；三是在生病或遇到其他突发或危急情况时，需要协助的需求。综合起来，可以概括为发展类服务需求、生活类服务需求和提升幸福感类服务需求。

1. 生活类社会服务

生活类社会服务内容主要指向满足老年人生存和基本生活所需的衣食住行等方面的需求，主要包括救助服务、照顾安排、危机干预、权益保障、环境改善等方面。大学生在这些方面都可以发挥自己的专业特长，使社会服务工作的开展更加顺畅、高效。

（1）救助服务。救助服务的主要工作内容是评估老年人的基本物质生活条件和经济状况，如空巢老人、高龄老人、失能老人、失独老人等；根据救助对象的基本情况，协助老人申请政府的相关救济补助；协助有需要的老人获得相应的社会救济、捐赠、帮扶和志愿服务；提供心理疏导、能力提升、社会融入等服务。此类服务对大学生的专业要求不高，但由于需要评估情况、协助申请、跟踪进度等，因此对社会服务者的持续性和耐力要求较高，尽量避免人员频繁流动、老年人对接的志愿者频繁更换的情况。

（2）照顾安排。照顾安排工作首先要对老年人进行能力评估，对老年人的日常活动、精神状况、沟通障碍和社会参与等方面进行评价，并建立照顾档案；对于能力评估中较弱势的老年人要协助护理人员进行居家照顾等服务，对于无家庭护理人的老年人要协助申请养老服务机构，做好老年人居家、社区和机构看护之间的衔接；协助居家看护者提升照顾技能。此类服务对大学生志愿者的专业有一定的要求，对于医疗及护理专业的学生来说会更能发挥其专业优势。当然，也需要一定的持续性，便于与被服务者及家庭看护者建立良好的心理联系。

（3）危机干预。此类服务首先要能够识别并评估老年人所面临的危机情况，并迅速统筹制定危机干预计划，以保护老年人的生命安全和心理健康，之后还要做好危机干预的善后工作，定期回访，配合相关部门建立危机应急预案，做好宣传，预防同类危机再次发生。此类服务对于大学生的专业要求较高，要求学生具有较高的理论知识作为基础，如心理学专业、消防应急专业、医护专业等，要求志愿者能够对危机状况进行科学、合理、准确的判断，并能够结合理论知识给出正确的干预计划和善后方案。

（4）权益保障。权益保障服务主要针对老年人的人身财产安全提供法律意见和保护。要维护和保障老年人的人身财产安全，对于老年人受虐待、遗弃、疏于照顾等情况要及时发现并举报；要协助符合条件的老年人依法享受社会的各项养老服务和补助津贴；要开展宣传教育，防止老年人被歧视、侮辱或其他不公平对待等。此类服务偏向于法律专业的大学生志愿者，他们可以运用自己的法律知识，为老年人争取更多的合法权益。

（5）环境改善。近几年，随着养老话题的热度增加，关爱老年人的各种设施也日益增多。小区里增加了老年人活动中心和健身器材，地铁等公共场所里增加了适合老年人使用的电梯或扶手，在一些老旧场所也加装了爬梯机，方便行动不便的老年人上下楼。适老环境改善将是我国养老服务非常有前景的发展方向，这类服务偏向建筑设计、家装设计、公共环境设计等专业的大学生志愿者，他们可以运用自己的专业知识，针对老年人的身体机能特点，设计和改造适合老年人生活的住宅、公共设施和社区环境等。

2. 发展类社会服务

发展类社会服务主要是为了满足老年人在学习、技能等方面想变得更好的发展需求而展开的社会服务。根据马斯洛的需求层次理论，人在生理需求等低级需求得到满足之后，便会产生更高层次的需求，追求爱与归属、追求尊重、追求自我实现。老年人在衣食无忧，身体健康的状态下，退休之后可能觉得闲散无趣，此时便会希望让自己老年生活丰富起来。

（1）社区活动。社区是老年人业余活动的主要场所，社区也有责任经常开展适合老年人的文化、体育、娱乐等活动，培养老年人的兴趣爱好，提升老年人的社会活跃度，丰富老年人的社会生活，比如老年书画展、老年模特队、老年舞蹈队等，这其中给大学生社会服务工作提供了广阔的空间。现在的大学生往往多才多艺，尤其是一些艺术院校的学生，他们可以与社区合作，在课余时间到社区为老年兴趣班上课、辅导，甚至编排指导比赛等，将自己的专业与社会服务紧密结合起来，既巩固了知识，又帮助了他人。

（2）老年教育。老龄化不断深化的社会现象给社会的正常发展带来了一系列问题，要解决这些问题，就要尽可能地充分利用老年人的力量、智慧，让老年人能够继续参与社会的各项建设，老年教育就是一种积极应对人口老龄化挑战的措施。老年教育可以提高老龄群体的生命质量，让他们不断充实自己的知识，才不会有因为自己知识过时而被社会抛弃的感觉；老年教育可以实现老年人的个人追求，很多人工作了一辈子做的都不是自己喜欢的事，或是为了生活搁置了梦想，于是在退休之后才想重拾自己年轻时的梦想，比如旅行、艺术或是某项技术。老年教育是帮助老年群体实现人生目标的有力武器，让他们有机会实现自己的人生梦想；老年教育还可以提升老年人力资源的质量。有些老年人虽然年纪大，但脑力条件充沛，知识储备丰富，肯学习、爱学习，也不想停止学习。老年教育可以为他们提供再教育的机会，有利于合理配置老年人力资源，减轻社会养老负担，让老年人的晚年生活更有意义。大学生社会服务在老年教育中的角色和作用可以体现在：一是担任"教师"的角色，把当下时髦、流行的知识或技能教给老年人，让他们不必与社会脱节，比如智能手机的各种操作，再比如 P 图、摄影、社交网络分享等；二是担任"助手"的角色，比如利用自己对网络和电脑的优势，帮助有经验、有储备的老年人把毕生所学整理成文字，可以让更多人学习和受益。

3. 提升幸福感类社会服务

提升幸福感类的社会服务是为了让老年人的晚年生活质量更高，心理满足感更强。

（1）辅导与咨询。主要包括协助老年人处理家庭纠纷；为有需要的老年人提供心理辅导、情绪疏解，帮助老年人摆脱抑郁、孤独、焦虑等心理问题的困扰；帮助老年人适应角色转换，重新定义人生价值，重拾生活的信心和希望等。这类社会服务需要大学生志愿者具备一定的心理学知识，懂得心理咨询与辅导，并且在心理辅导中需要有一定的持续性，不宜轻易变动服务对象。

（2）临终关怀。死亡是老年人不可避免要面对的问题，也是体现人文关怀的重要时刻，很多医院里都开设了临终关怀门诊，帮助临终者及家属正视死亡，平和心态。主要工作包括开展生命教育，帮助老年人树立正确的生死观；协助医护人员对临终老年人做好生活照料；为临终老年人提供心理支持；为有需要的老年人及家属提供哀伤辅导服务等。此类社会服务也需要大学生志愿者有一定的心理学知识和临终关怀知识基础，需要能够承担一定的情感消耗和心理压力，对心理素质的要求较高。

二、青少年社会服务

（一）青少年社会服务的意义

青少年社会服务是以青少年为服务对象，通过整合运用社会工作专业知识理论和方法技巧，帮助其提升解决问题的能力，恢复、改善及提高其社会功能，进而促进其健康成长和全面发展的社会服务活动。按照我国共青团中央、民政部在国家标准《青少年社会工作服务指南》中的要求，青少年的年龄范围是6～35周岁。青少年社会服务工作要以青少年需求为导向，以优化青少年成长环境、服务青少年迫切需求、维护青少年发展权益、促进青少年全面发展为根本目标。

随着时代的发展，青少年在成长教育中出现了一些比较严重的问题，比如在思想方面，部分青少年的主流意识淡漠，缺乏远大的理想和信仰；在品德方面，缺乏起码的文明礼貌，集体主义精神欠缺，缺乏责任感，经常以自我为中心；在劳动方面，缺乏劳动意识和劳动习惯，缺乏自理能力；在性格和气质方面，任性、骄横跋扈、自以为是、承受挫折力差。青少年尤其是义务教育阶段，是个体成长、发展最迅速、最复杂和变化最大的阶段，这一时期的成长和发展不仅会影响青少年个体，而且会对家庭、社会产生强烈的影响。因此，青少年社会服务工作的开展任务艰巨、迫在眉睫。社会服务工作者要利用专业知识辅助青少年的成长趋于良性发展，实现青少年个体成长与整个社会发展的协调同步。

青少年是祖国的未来、民族的希望，是一个社会中最敏感、最具影响力的团体。少年强则国强，青少年社会服务工作的社会功能非常突出，做好青少年社会服务工作是为实现富国强民而进行的一项重要的人力资源开发，青少年社会服务工作不仅是社区工作者的责任，更是整个社会的责任。

（二）青少年社会服务的内容

按照《青少年社会工作服务指南》，青少年社会服务工作的主要内容包括思想引导、身心健康促进、婚恋交友支持、就业创业支持、社会融入与参与支持、社会保障支持、合法权益维护、违法犯罪预防等方面。归纳起来，大致可分为发展类青少年社会服务工作、矫正类青少年社会服务工作、预防类青少年社会服务工作。

1. 发展类青少年社会服务工作

发展类青少年社会服务工作指能够发展社会资源和青少年潜能，促进青少年的道德发展，使青少年的能力得到增强并形成良好行为习惯的社会工作服务。工作主要涉及青少年本身和他们的生活环境，比如开展就业、婚恋、社交等方面的专业服务。

（1）思想引导。目的是为青少年提供思想道德教育辅导，促进青少年形成正确的世界观、人生观和价值观。具体内容包括：开展理想信念教育和国情党史教育；开展社会主义核心价值观教育；开展中华优秀传统文化教育；提供国内外时事信息，使青少年了解世界发展的趋势，明确自己应扮演的角色；等等。

（2）习惯养成。目的是引导青少年养成良好的习惯，促进身心健康发展。具体内容包括：开展青少年文化、体育、艺术兴趣爱好培养；提供文化、体育、娱乐场所；引导青少年珍惜生命、尊重生命，学习保护生命应对风险的方法，对各种风险形成正确的认识；帮助青少年解决成长各阶段的生理和心理困惑，增强自信心，帮助形成健康的人格；为青少年提供社会实践和学业支持服务；等等。

（3）职业指导。目的是拓展青少年的就业服务。具体内容包括：开展就业创业政策宣传服务；协助衔接就业创业资源；提供就业信息和就业辅导，协助提升职业能力；开展职业生涯规划服务；等等。

（4）婚恋交友支持。目的是帮助青少年形成正确的婚恋交友观和健康的人际交往与社会适应能力。具体内容包括：帮助青少年树立健康文明的婚恋观，提供婚恋教育和指导；帮助青少年树立正确的家庭观，传承优良家风；提供青少年发展中的生理、心理、性、情绪、行为、人际交往、法律常识、社会适应等方面的知识辅导和宣传教育服务；等等。

（5）社会融入与参与支持。目的是帮助青少年建立良好的社会支持系统，提升青少年社会融入和社会参与的能力。具体内容包括：帮助青少年积极参与政治生活和公共事务；营造青少年社会融入的良好环境；提升青少年参与社会公益和志愿服务的意识与能力；等等。

2. 矫正类青少年社会服务工作

矫正类青少年社会服务指当青少年遇到困难或"出现问题"之后，由社会服务者运用各类专业方法实施服务和帮助，协助青少年恢复失调的社会功能。

（1）社会保障支持。目的是对特殊青少年群体开展保障或救助服务，以恢复其失调的社会功能。具体内容包括：开展残疾青少年关爱和扶助，培养其自强自立的生活态度；开展流浪未成年人的社会救助服务；开展进城务工青年和进城务工人员子女的帮扶服务；开展农村留守儿童的关爱和救助服务；提供就学或生活补助，帮助困难家庭的青少年正常成长；等等。

（2）合法权益维护。目的是维护和保障青少年的合法权益，为合法权益受到侵害的青少年提供治疗和矫正服务。具体内容包括：展开相关法律法规政策的宣传教育，为青少年提供维权服务，帮助青少年增强学法、遵法、守法、用法的自我保护意识和能力；为被忽略或虐待的青少年提供保护服务；为有需要的青少年提供安全保护、收容及安置服务；为身体、情绪、精神等方面功能失调和人际适应不良的青少年提供治疗性服务，促进其健康人格的形成；为犯罪青少年及过失青少年提供矫正服务，尤其注重社区层面的服务提供；等等。

3. 预防类青少年社会服务工作

预防类青少年社会服务是指通过社会工作的各类服务，对一些潜在的、阻碍社会功能有效发挥的条件和情景进行早期发现和控制的过程。

（1）改善生活环境。改善青少年的家庭生活环境，为青少年父母提供亲职教育服务，提高服务教导青少年的技巧；改善青少年的学校生活环境，加强学校对学生的学业辅导、技艺训练、发展补充性课程及相应活动；改善青少年的社区生活环境，加强社会组织在青少年社会服务中的合作，整合社区资源，为青少年发展提供更好地社会支持；建立学校、家庭、社区良性互动的青少年社会服务工作模式；倡导有效的青少年服务和发展政策。

（2）违法犯罪预防。违法犯罪预防需要开展法制宣传教育、协助开展环境优化服务、开展重点人群的管理工作等，主要包括下列4方面内容。

① 一般预防：具体内容包括提升青少年服务监护责任，开展有针对性的预防犯罪服务，增强青少年的法律意识和责任担当，提升青少年辨别是非与自我保护的能力等。

② 不良行为干预：具体内容包括防止青少年与家庭、学校的关系紧张或破裂，避免青少年受外界不良影响而产生不正常的社会化倾向；关注青少年向不良青少年转化的边界，重视小偷小摸、抽烟喝酒、夜不归宿等早期典型行为，及时采取干预措施。

③ 严重不良行为纠正：具体内容包括协助学校、公安机关等开展矫正服务、帮教服务等。

④ 重新犯罪预防：具体内容包括对已有犯罪行为的青少年开展心理疏导、回访观护、亲职教育、精神关爱、权益维护、社会支持等。

（三）青少年社会服务的基本方式

大学生参与青少年社会服务是大学生志愿者通过直接或间接的方式将帮扶与救助传递给青少年，其中直接的方式可以包括个案辅导、小组辅导等，间接的方式可以包括青少年政策研究、青少年咨询等方式。《青少年社会工作服务指南》中也针对特定需要提供了青少年社会服务工作的介入方法，包括：通过多专业合作方式协调资源，以中途之家、类家庭、收寄养等方式为不适合家庭居住的青少年提供安置服务，进行综合援助；以家庭为介入单位，探索青少年问题背后的家庭结构和互动关系，促进家庭内在系统的改变，优化青少年成长的家庭环境；有目的地把青少年带离安适区，进入低冒险区，通过体验性活动经历新奇，促进青少年自我探索、自我觉察与自我成长等。

（1）个案辅导。个案辅导是以青少年个体为服务对象，根据其基本情况和需要，运用有针对性的、专业的辅导方法和技巧，帮助青少年解决问题，促进其健康发展的过程。在这个过程中，大学生可以根据服务对象的诉求，以自己的专业特长选择可以提供服务的领域。以心理学专业的学生为例，心理学专业的服务范围相对来说比较广泛，如心理疏导与心理咨询、不良行为干预与矫正等。志愿者可以按照接案、预估、计划、介入、评估、结案的流程，对目标青少年进行访谈和观察、从而获取相关资料，通过咨询、沙盘或一起参与实践活动等方式，指导青少年提升自我认知能力和抗压能力。

（2）团体辅导。团体辅导是由两个或两个以上的青少年组成的小组，通过群体成员之间的互动互助，使参加团体辅导的青少年个体获得行为的改变、社会功能的恢复和心理的成长。在这个过程中，志愿者的主要作用是辅导、指引，要充分发挥青少年之间的互助力量。志愿者可以运用榜样示范、竞赛激励、行为强化、角色扮演等方式方法，鼓励青少年表达自我、相互学习，自己则在这个过程中起到教练、指引者、总结者的作用。

（3）社区辅导。社区辅导是以社区内的青少年为服务对象，动员社区资源，为社区青少年营造健康成长的环境，从而促进社区的整体健康发展。在这个过程中，大学生志愿者可发挥能力的空间就更大了，比如可以协助社区改造青少年活动室；为青少年提供各种音、体、美课外辅导课程；协助社区举办各类团体建设服务，如少年宫、野外训练营等；为青少年进行普法宣传和教育；等等。

三、残疾人社会服务

（一）残疾人社会服务的意义

残疾人社会服务是通过专业的社会工作方法，为残疾人提供以康复服务、照顾服务、就业服务等为主的服务活动，目的是为了满足残疾人的基本生活需要、提高能力，以及争取其权益最大化。《联合国残疾人权利公约》第一条宗旨中将残疾人释义为肢体、语言、听力、精神、智力或多重存在长期缺损的人，这些缺损与各种障碍相互作用，可能会对残疾人像健全人一样在平等的基础上充分和切实地参与社会方面造成阻碍。残疾人占全球人口总数的15%，我国残疾人总数已超过8 500万人，比起同情和怜悯的眼光，平等对待才是对他们最好的关爱。

残疾人社会服务工作有助于深入了解残疾人的基本状况，从而可以更好地为残疾人工作制定发展计划；有助于改变人们对残疾人的不公正态度，为残疾人争取平等参与社会生活的机会；有助于参加残疾人事业，夯实基础，促进残疾人事业的可持续发展；有助于充分发挥社区基层残联组织的作用，推动社区建设。

（二）残疾人社会服务的内容

残疾人的需要是多方面、多层次的，既包括衣食住行、医疗卫生等基本的生理需要，也包括教育、就业、社交、运动、政治、文化、心理等社会参与和社会发展的需要。总体来说，为残疾人提供社会服务的基本内容主要有残疾人康复、教育、就业、扶贫、托养、文化体育、维权等方面。

1. 康复服务

医学康复是指通过治疗手段改善、恢复残疾人的各项身体功能，减轻能力障碍，使他们获得最大限度的日常生活能力，为他们重新参与社会生活提供身体方面的必要条件。残疾人的康复服务除了医学康复以外，还包括心理康复，帮助残疾人接受现实，疏导不良心理，重新自我定位，树立阳光积极的人生态度。具体服务内容包括为各类残疾人提供有针对性的康复训练和指导；开发和指导残疾人辅助器具的使用；宣传普及康复知识，提高康复意识。

2. 教育服务

教育服务是指对肢残人员进行普通教育和对盲人、聋哑人、弱智人群进行特殊教育而采取的一切措施，它为残疾人重新参加社会生活提供文化、教育方面的条件。具体内容包括：对特定人群实施普通教育或特殊教育；普及和巩固残疾儿童少年义务教育，积极发展高中教育和高等特殊教育；开展残疾人职业教育和就业指导；加强特殊教育教师师资队伍建设；开展形式多样、健康有益的文化体育活动和培训，愉悦身心、提高素质；挖掘残疾人特殊艺术和体育竞技，增进残疾人与社会的理解和沟通；开展法治宣传教育，实施法律援助和司法救助，保障残疾人的权益；向社会普及致残因素，开展重点预防服务，提高公众的预防意识等。

3. 就业服务

就业服务是以职业指导和训练为中心，通过咨询服务、职业评估、教育、培训和就业安置等措施，协助残疾人具备适当的职业适应能力，从而能够进行劳动就业。具体内容包括：做好政策宣传，鼓励和支持残疾人就业和参加生产劳动；开展残疾人职业技能培训；完善残疾人就业服务机构和流程，提供全面服务等。

4. 环境建设服务

环境建设既包含广义上的社会文化大环境建设，也包含微观意义上的无障碍环境建设。一方面通过大力弘扬人道主义精神，宣传现代文明社会的理念与价值观，倡导和谐友爱、团结互助的良好风尚，开展多种形式的扶残助残活动，创造有利于残疾人事业发展的社会文化大环境。另一方面在城市和农村的道路、建筑物、公共交通工具和场所中进行无障碍设施建设，发展信息和交流的无障碍化，为残疾人获取信息、享受公共服务提供便利。

（三）残疾人社会服务的基本方式

1. 社会康复

社会康复指在医疗康复机构内进行的康复活动。大学生志愿者可以与机构内的工作人员合作，将物理治疗与心理治疗相结合，为残疾人的治疗和康复提供更有效的服务。志愿者可以通过了解残疾人的个人生活史、家庭概况及生活环境，包括残疾人出院后的生活环境，通过谈心、劝说、开导等方式，减少残疾人的焦虑、抑郁、恐惧、自卑等心理障碍，尽可能地帮助他们树立适应环境的信心；通过对残疾人致残原因的分析，进行适当的社会干预，更好地保护残疾人的合法权益；与医务人员配合，支持并配合残疾人的康复训练，组织残疾人活动，加强他们之间的相互联系和互动等。

2. 社区康复

社区康复是指在社区内开展的康复工作，它更加富有人道主义色彩，有助于残疾人进一步融入社会。社区康复的基本出发点是社区支持和社区参与，最终结果是社区受益。开展社区康复，关键是要形成尊重残疾人与帮助残疾人的社会风气，并在物质和精神上对残疾人给予支持。大学生志愿者可以通过社区宣传、教育、组织等多种手段，为改善残疾人所在的社会环境出谋划策；举办康复知识讲座，开展康复咨询服务、发放普及读物等。

3. 职业康复

职业康复是通过对残疾人开展职业咨询、职业指导、职业训练、就业及相关辅导服务、无障碍设施及环境的构建等，提供与残疾人职业相关的帮助及支持，以此促进他们的康复和个人发展。通过就业，残疾人不仅能够获得独立的经济地位，而且可以通过劳动使残疾人已失去的能力得到某种程度的恢复，增强残疾人的效能感和自信心，使他们能够更好地融入社会生活。在这一过程中，大学生志愿者可以参与到职业康复的咨询、评估、培训和就业指导等各流程中，运用自己所学的专业知识，提供相应的服务，例如指导残疾人进行某些基础的就业前培训，或与就业机构合作，对残疾人就业过程中出现的问题进行跟踪服务。

第四节　大学生参与社会服务的
线下阻滞及转型路径

一、大学生参与社会服务的线下阻滞

大学生是社会服务的主力军,社会服务也是大学生接触社会、服务社会、增强社会责任感的重要途径,对于全面培养创新型人才和构建社会主义和谐社会都有着积极的意义。然而,大学生在参与社会服务的过程中却存在诸多问题。

(1)大学生在参与社会实践与志愿服务过程中常在思想认识上存在误区,使社会服务流于形式;志愿服务形式呆板单一,使学生的自身特长难以得到发挥;同时社会缺乏支撑环境。

(2)大学生的助人自助公益理念未达成共识、志愿活动缺乏专业组织管理、志愿服务缺乏专业性支撑。

(3)青年志愿服务基层社会的政策机制不够完善、来自服务对象的信任度不高,志愿服务意愿不强烈、专业化水平不高、缺乏正确的介入方法和路径以及岗位流动性与福利制度不完善等。

(4)针对当下疫情防控阶段青年参与防疫志愿服务的情况发现,青年志愿者参与广度与深度不足、志愿活动的灵活性和精准性欠缺、突发事件应急志愿管理机制不够完善。

(5)近年来,大学生社会服务公益社团逐渐向公益创业转变,然而虽形式多样、数量庞大,却发展缓慢、持久性差。尤其表现在大学生公益创业组织独立生存能力较弱、创业主体的经验和能力不足、可持续性不高且难以长期维系。

疫情给当下社会服务工作的开展带来了严重阻碍,然而社会服务工作并不能因此停滞,相反,未来,社会服务将发挥越来越重要的作用。社会服务向线上转型,线上线下共同发展将是必然趋势,而社会服务工作网络化在给社会生活带来便利与进步的同时，也将带来诸多不利因素。因此如何保障大学生社会服务工作网络化过程中的质量与效率，是未来要解决的一个关键问题。

另一个关键问题是虚拟空间的建立与使用。社会服务强调互动，而虚拟空间的虚拟性和不可约束性使得社会服务者很难把握互动过程及互动效果，这在一定程度上阻碍了服务过程的进展与深入。此外，线上社会服务使社会服务者必须掌握互联网技术和技能，对于某些贫困地区来说，物质条件的匮乏、网络速度的不稳定都使得线上社会服务在实际运行中面临极大的挑战。因此，如何应对虚拟空间中匿名性与虚拟性信息、对技术和软件运用的要求、数据安全与文字残留等问题，是一项重要挑战。

二、大学生开展线上社会服务的意义

2012 年国务院公布了《国家基本公共服务体系"十二五"规划》，标志着社会服务在我国有了新的突破和发展。从 2014 年的《关于推进志愿服务制度化的意见》到 2016 年的《关于支持和发展志愿服务组织的意见》，多年来我国政府从制度层面不断有序推进社会服务发展。在党的二十大报告中，社会服务再次被作为重要工作提上日程并提出了新的要求，《志愿服务条例》和《关于推进青年志愿服务工作改革发展的意见》的相继出台，明确了社会服务对打造共建共治共享的社会治理格局的重要作用及青年在社会服务中的重要地位。随着党和国家对社会服务工作的逐渐重视以及对青年群体的新要求、新期望，新时代大学生积极响应号召，主动投身社会服务必将成为未来趋势。

然而长久以来，大学生参与社会服务面临着诸多困难，比如时间冲突、安全保障、经费支持、内容认可度及成果认定等问题。加之疫情以来，各大高校出于安全考虑纷纷采取封校管理，使线下服务阻碍重重。尽管线下的助人活动被中断，但基于互联网技术的网络平台为社会服务创造了另一种可能。大学生作为网络空间的优势者，拥有娴熟的网络技术和灵活的碎片时间，因此在后疫情时代与数字网络时代的双重背景下，大学生社会服务的线上转型路径研究受到了广泛的关注。

目前关于数字网络时代背景下社会服务的研究大多是将互联网作为一种工具运用在社会服务中，或者集中于对线上社会服务理念的普及与宣传方面，很少将基于互联网技术创造的网络平台作为社会服务的实践场域。疫情的存在阻断了开展线下社会服务的空间可能性，使原本就存在诸多困难的大学生社会服务工作雪上加霜。但从另一个角度看，疫情带来的局限性促生了互联网向更贴近民生的层次发展，为社会服务提供了新的尝试：基于互联网创造的虚拟空间代替了实体空间，通过搭建更广泛的网络平台，为大学生群体开展助人活动提供了新场域，线上社会服务获得了蓬勃发展的可能性。

从主体角度来看

（1）疫情期间很多高校出于安全考虑选择封校管理，大学生的心理特点导致他们很容易因为长期的封闭滞留而产生逆反和消极心理，无所事事、无心学习，甚至沉迷网络游戏，久而久之对他们的生理和社会关系也带来了影响。因此，构建一个合理端口来帮助大学生分流精力、舒缓心理、规划时间、塑造正确价值观、提高社会责任感就显得尤为重要，而线上社会服务便是一个值得尝试的选择。

（2）以大学生群体为突破口，可以为未来不同群体开展线上社会服务的工作实务的发展提供经验。

（3）受疫情影响，近年来大学生的就业率和失业率出现明显波动，线上社会服务优势领域的挖掘和试运行将成为提高就业率、稳定失业率的有力措施。

（4）参与线上社会服务需要大学生具备更高的理论素养和专业能力，这将在一定程度上倒逼大学生熟练掌握专业知识，珍惜线上社会服务这样的实践机会。

从客体角度来看

（1）大学生群体利用自己的专业优势和时间优势，参与线上教育服务、心理疏导、情绪支持、保障支持等服务，可以为社会工作在公共治理中的角色塑造与专业定位提供强有力的经验支持，为社会服务参与网络社会治理提供新思路。

（2）通过线上社会服务参与后疫情时代的经济社会发展与重建，可以引起社会对于社会服务参与社会发展与重塑的关注和认可，有利于提高社会接纳度，为社会服务工作的可持续发展奠定良好的群众基础。

（3）受疫情影响，学生的实践机会减少，实践渠道变窄，对高校育人理念的落地造成影响，线上社会服务可以与校企合作、校外实习实践以及比赛竞赛实现并轨发展，为新时代高校推进"四新"和"双特色"建设助一臂之力。

三、线上社会服务的实施路径

线上服务是利用互联网虚拟媒介方式采用非面对面方式提供服务的一种服务形式，有别于传统线下面对面交流提供的、具有实体存在的服务形式。所谓"线上"，是指借助不同形式的媒体将与社会服务相关的信息进行信息的传递。站在高校的角度来看，开展线上平台主要需要从两个方面入手：第一，高校要结合自身实际情况建设集多功能于一体的大学生社会服务综合性网站，网站的功能涉及志愿者的登记、注册、认证、管理等。网站的建设需要高校将大学生社会服务的相关信息进行整理和汇总，便于选择性的发布一些社会服务活动的相关信息，并保证其公开透明。同时，高校也需要为网站的建设给予一定的人力、物力及财力支持。第二，高校要在不违背志愿精神及理念的前提下，以网络为平台宣传、组织和开展大学生社会服务。网络以其广泛性、交互性、快捷性、共享性、虚拟性和超时空性的优势，使得组织内外的信息得以快速传递，减少了其他层面不必要的管理，从而降低了组织的运行成本。网络平台的形式可以是 BBS、微信、微博、QQ 群、手机 App 等，这些形式能增强大学生社会服务的趣味性和吸引力，产生良好的互动效应。

（一）及时发现线上社会服务需求

当人们的线下活动自由受到约束时，便会从线上渠道寻找满足需求的方法，但无论是线上还是线下，需求的主体，即社会服务的对象始终是不变的，他们也是社会服务工作的基础和根基。只不过线下的时候我们可以通过面对面、实地考察的方式获取和挖掘服务对象的需求，而线上时我们只能通过非面对面的方式获取并对获取到的需求进行深入分析来获得。

线上获取社会服务需求的方式主要有两种：一是电话、微信等方式对个别对象获取信息；二是通过问卷星等在线调查方式对群体获取信息。问卷星获得虽然方面，获取的信息有一定的代表性，但对于不会使用的群体来说并不友好，而且不具有针对性。所以在实际开展工作时，可以两种方式相结合，先通过问卷星的方式获得大致需求，再使用电话或微信的方式有针对性地提供服务或进行回访。

线上社会服务还要充分考虑线路另一端的服务对象的特点，例如他们是身体残疾还是智力残疾，是老年人还是青少年。不同特点的服务对象需求不同，开展服务的方式也应当有所区别。比如青少年对网络的接受度高，我们可以采用微信群、腾讯会议或直播平台的方式展开服务，效率高，符合青少年对时间的要求；而对于失明的残疾人，可视网络渠道便不适用了，电话等传统渠道却能很好地发挥作用。

（二）实现线上社会服务的双向互动

由于线上社会服务的非面对面的特性，因此在服务过程中志愿者是无法及时、全面地获得服务对象的即时反应的，即使是在线视频，我们也只能看到对方的面部表情，无法同时清晰获取对方的肢体动作，而这些表情和动作因素是志愿者判断服务对象心理和行为反应的重要依据。因此，加强双向互动性，是保证线上社会服务顺利且高效开展的重要条件。

如果是采用电话等语言交流的方式与服务对象互动，由于见不到对方的表情，那志愿者就要重点关注服务对象的语音、语调、语气；如果是采用微信等文字交流的方式，我们既见不到表情，也听不到声音，那就需要重点关注服务对象的语言文字习惯以及标点符号、表情包的使用情况等。在对方未能及时给与回复时，我们要采用适当的方式追问，既不让对方反感，又能达到想要的效果。如果是采用腾讯会议等即时视频交流的方式，基本上可以看到对方面部的所有表情，互动性最强，但是也存在一些问题，比如在活动过程中时常出现发言的人不会开麦、不发言的人忘记闭麦、因为网络导致发言中断等状况。

基于互联网技术开展的线上社会服务对志愿者和服务对象的要求会比线下服务更多，志愿者不仅要具备很强的控场和暖场能力，对于服务对象来说也要有非常强的互动意愿及互动能力，只有这样，双向互动才能得以成功。

在探讨双向互动的问题时，还应该考虑到一个重要的前提，即服务者与服务对象的关系。人们通常更愿意跟与自己关系更密切、或自己更喜欢的人互动，因此在开展线上社会服务之前，有条件的话，志愿者可以与服务对象建立一定的亲和关系，可以使用视频、语音连线，对于时间冲突的对象我们可以以文字的形式把内容推送给目标群体，使其获得知识的输入与帮助，并通过留言与回复展开互动。前期的高频次互动有利于线上服务过程中的双向互动目标的实现。

（三）完善线上社会服务流程

线上社会服务与线下社会服务在具体服务过程中有所不同，线上社会服务主要从筹备、招募、预演、实施、评估几个阶段展开。

第一，在筹备阶段，由于线上社会服务缺少现场的氛围感和约束感，服务对象拥有更多的选择权和自主性，因此在策划活动主题时要注意活动的趣味性和复杂性，否则服务对象可能中途退出或出现不理解、理解有误的情况而影响服务效果。此外，还要结合服务对象的特征进行策划，并在必要时需对志愿者和服务对象提前做好培训工作，以保证正式活动的顺利展开。

第二，对线上社会服务活动的参与者即服务对象要进行筛选，选择适合参与本次活动或参与效果会比较突出的服务对象。具体的方法有两大类：一种是志愿者主动与服务对象联系邀请他们参加，可以在新媒体平台上发布招募海报进行宣传，也可以通过电话、微信对服务对象进行邀请。当然，线上社会服务遇到的拒绝率也会比线下服务更高。被拒绝是一种正常情况，毕竟在网络虚拟社会下，人与人之前的防备更加明显，志愿者要加强对自己的心理建设，放平心态。另一种是通过一些有公信力的中间方帮忙宣传，比如针对青少年展开的服务项目可以借由学校进行宣传，学生和家长对学校的信任度更高，招募也更容易。或者通过以前参加过的服务对象的推荐，也可以邀请来更多的参与者。

第三，在正式线上社会服务开始之前要开展预演排练或者对志愿者进行培训，规范操作过程，提高服务项目的专业度。可以由其他志愿者扮演服务对象，模拟服务过程中可能遇到的突发状况，提出应对方法，并制作服务活动规则的讲解视频和危机解决方案一览表，保证活动能够有序地进行，除此之外志愿者还需要掌握基础的设备调试和维护方法，例如万一有网络爆破者入侵，志愿者该如何操作。

第四，线上社会服务正式开始之后，志愿者要有序推进活动，活动过程中的一项重要工作就是要有效控场。线上服务活动的互动性没有线下活动那么直观，如果志愿者没有做好有效的引导推动活动气氛，很容易出现冷场。此时志愿者要迅速反应，要有活跃气氛的备案，比如笑话、点名、自我暴露等。另一方面，对于过度活跃的现场，志愿者也要有能力控场降温，制定好活动规则，随时跟进每一位服务对象的情况。

第五，线上服务活动结束后，要对整个活动的流程进行回顾，找出活动中相对薄弱的环节和漏洞，深入分析各个突发事件的应对方法，这些也是今后开展活动时需要改进的地方。

（四）可能存在的问题

1. 服务对象的局限性

线上社会服务需要依靠手机、电脑、网络等要素建立与服务对象之间的联系、交流与互动，因此线上社会服务要求服务对象拥有能够使用网络的设备、较好的网络条件及能够操作电脑的技能，这就限制了参与线上社会服务的门槛，使无法满足设备、网络和技能条件的服务对象不具备参与线上社会服务的资格。比如经济条件落后的服务对象，年龄较小或较大的服务对象，身体或智力有残疾的服务对象，等等。除此之外，有些平台存在人数限制，服务对象的观望态度也是局限性的具体表现。

2. 互动的间断性

网络的开放性使得参与线上社会服务的受众更加开放，志愿者通常采用微信群或钉钉组群的方式开展开放式小组活动和开放式社区活动以保证服务对象的数量及服务效果，在助人活动过程中会不断地有新服务对象加入，也会有原有服务对象流失。比如有些服务对象断断续续参加活动，或者坚持了几天就放弃了，这样不仅会使服务环节发生中断和不连贯，无法达到预期效果，也会对其他服务对象产生影响，让大家难以感受到来自小组的压力、动力和互动的仪式感，也难以形成有效的追踪和回访。

3. 体验感的未知性

线上社会服务的变数更多，未知系数更大。线下服务已经开展了很长时间，只要按照规范的服务流程，基本上可以预测未来的服务效果，服务对象的体验感也基本符合已知规律。但线上服务开展时间较短，难以像线下一样非常精准地把握服务流程，志愿者对服务对象的参与过程受到技术等的限制，有时很难控场，线上也很难及时得到同事的提醒和帮助，影响服务过程。此外，线上互动的限制性也使工作人员很难评估服务对象的接受度和体验感，加上每个人对于文字的理解和消化能力不同，有时只能模仿，不能举一反三，这些都会使服务效果大打折扣，影响体验感。

4. 边界的模糊性

在互联网的虚拟空间里，边界感模糊。在线上，如果服务对象遇到困难和阻碍，会随时利用微信、电话等方式向志愿者求助，哪怕是在周末或夜晚休息时间。虽然线上渠道缩短了社会服务的时间和空间限制，但是也打破了工作人员与服务对象的边界，私人生活与工作的交叠违背了社会服务工作者的伦理守则，对社会服务者的心理健康是不利的。我们可以采用公用服务电话的方式，电话在值守人员手中轮转，既可以保障电话 24 小时通畅，也可以保护服务人员的休息时间和隐私。

第五节　大学生培训实践课程融入社会服务案例

近几年来，本校学生也开展了将大学生培训实践课程与社会服务相融合的有益尝试。以 2020 级人力资源管理专业学生参加某项比赛的项目申请书为例，学生将培训对象拓展至老年人群体，以社会服务的形式展开老年教育培训工作。

一、研究目的

当前我国人口老龄化程度不断加深，据最新人口普查数据统计，我国 60 岁以上老年人口在 2021 年占总人口的 18.7%，达到 2.64 亿人，且老龄化趋势将愈演愈烈，未来 20 年我国社会老龄化程度将愈加严重。未来我国社会将会呈现出未富先老的情况，这将迟滞我国社会主义现代化建设的进程，增加社会主义现代化建设的难度。一系列社会问题也紧随人口老龄化程度加深而显现，如人口红利的消失、社会养老压力增大，这些问题已经影响到了我国经济社会发展的长远规划。因此，近年国家开始重视人口老龄化带来的不利影响，如研究讨论延迟退休，并且加快老年教育的建设进程。可以说人口老龄化已经得到了国家和社会的高度关注，老年教育作为缓解社会养老压力的重要举措也备受关注。当前，随着生活水平的提高，老年人的受教育意愿和精神文化需求呈快速增长趋势，因此发展老年教育已成为迫在眉睫的形势和任务。

然而目前的老年教育市场发展相对滞后，绝大多数的教育资源和市场集中在以中小学生为主体的学龄教育和以在职员工为主体的职业教育，而面向退休后的老年群体的教育资源比较匮乏。这其中存在着诸多冲突：一方面，随着老年群体受教育意识的渐渐觉醒，开始产生了许多不同的受教育需求，然而老年教育的平台和载体却相对缺乏且质量参差不齐。同时，课程作为教育中不可或缺的重要资源和主要部分，担负起了提升老年教育总体水平的关键责任。但我国现有的老年教育课程内容单一、水平较低，长期以来并未受到教育主管部门的重视，缺乏明确的规章制度保障，发展过程中的无序、各自为政的现象屡见不鲜。另一方面，老年教育也面临着地域差异化严重的问题，《中国教育现代化 2035》提出：要改善当前社区教育资源不足的现状，增加资源供给，同时也要实现城乡老年教育均衡发展，在发展城市社区教育的同时，加快乡镇和农村地区老年教育，推动各类学习型组织建设。

本研究将参考学龄教育与职业教育的模式，以老年群体为对象，充分发挥当前互联网的优势作用，搭建城乡老年教育资源均衡的教育平台，设计符合老年群体需求的教育课程，同时有效利用大学生的学习资源和时间优势，让大学生群体参与到老年教育中，将理论与实践相结合，实现共赢。

二、研究意义

本项目旨在搭建老年教育平台，大学生利用课余时间开课，老年人选择优秀课程付费学习，打造一对一或一对多的"小课堂"模式。本项目的研究意义如下。

1. 缓解老年群体受教育的心理需求

现阶段的老年人群因为历史原因和家庭条件的限制，他们中大部分的学历只停留在中小学学习阶段，投入学习的时间和精力普遍不足，不少还错失了受高等教育的机会，对现代知识具有强烈的渴望。因此，开设以现代知识为内容的老年教育，能够满足老年人对知识的渴求，缓解知识需求，有助于减轻国家在老年教育方面的压力。

2. 丰富和提高老年课程质量

受教育需求深度的增加和广度的拓展要求丰富老年教育课程类型、增设老年教育课程层次、改进老年教育课程实施。虽然在某些地区已有一些积极的探索，较好地满足了老年人的受教育需求。但总体而言，我国老年教育课程建设尚处于较低发展水平，亟待改善。而全国的大学生群体几乎涵盖了所有的现在知识领域，让大学生参与其中，可以有效的丰富课程内容，提升课程建设水平。

3. 增加大学生理论联系实践的机会

目前大学教育普遍存在的问题是学生理论知识学得多，但实践机会较少，而毕业找工作时用人单位又十分看重实践经历。因此，将大学生加入到老年教育体系中承担一定的教育工作，可以督促学生对知识进行更深入的学习和理解，并在将知识授予他人的过程中完成对知识的消化和实践。此外，大学生对互联网的使用和利用率较高，在网络教育方面具有得天独厚的优势。

4. 实现大学生与老年群体的知识共享与共赢

大学生接受了来自各个领域非常全面且前沿的知识，这些正是老年群体渴望学习的。而目前的老年教育知识覆盖面窄，班级不多，地域差异大，很多老年人报不上名学习。因此，以大学生为主体在网络上展开一对一或一对多的知识教育，有利于实现知识的转移与共享，老年人接受到了更公平的教育，大学生实践的同时还能获得收入，实现双赢。

5. 缓和亲子关系，减少代沟，避免与社会脱节

很多老年人会向子女请教不懂的知识，但是子女因为忙或其他原因而没有耐心解答，导致亲子关系不佳或代沟加深，严重与社会脱节。本项目的"小课堂"平台可以很好地缓解这种矛盾。

三、研究内容

本项目搭建的老年教育平台是一对一或一对多的"小课堂"模式。在该平台上，大学生是教育主体（老师），他们利用课余时间打造课程、研究课程、开发课程，老年人作为受教育者择优选择优秀课程付费学习。这是一个相互监督、相互促进的共赢过程。一方面，学生需要打磨课程，而把课程做好，就必须先把知识学好，再学会灵活运用，好的课程不仅可以促进知识的学习还可以为学生带来一些收益，激励更多学生投入到老年教育中。另一方面，老年人可以在平台上选择适合的课程学习，丰富老年生活，满足学习需求，缓解家庭关系，完成人生理想，发挥退休余热。

四、研究目标

（1）小课堂平台的搭建。

平台的搭建可以参考目前市面上已有的学龄教育和职业教育模式，借助互联网技术，学习腾讯课堂或国家开发大学开设的老年学习专区的模式，开发教育服务平台，打造专属小课堂 App，为老年教育的实现提供渠道和阵地。

（2）丰富小课堂课程。

通过在各大高校推广，鼓励学生加入阵营，将自己的专业或爱好摆到 App 上，并形成自己的课程风格。

（3）向老年群体推广。

运用线下和线上相结合的方式推广本 App，引导老年群体在 App 上搜索和查找自己感兴趣的课程，在线上完成一对一或一对多的小课堂学习，与"老师"互动，学习流行知识。

（4）完善小课堂激励机制。

老年人在 App 上的学习采用付费制，基础费用较低，可根据教学效果进行"打赏"，同时根据学习课程的多少和效果可以获得不同的头衔和积分，积分可以兑换各种生活物品。"老师"的收入采用积分与等级双轨制，积分可以兑换金钱，等级可以表明授课水平。

（5）以点带面，开展试点工作。

本项目拟在个别学校开展试点工作，并逐渐扩大范围，以点带面，形成较完善的老年教育体系。

第三章　大学生社会服务
转型公益创业

第一节　公益创业

一、公益创业的概念

公益，从字面意思来看就是为了公众的利益，是指个人或组织自愿通过做好事的形式提供给社会公众各种福祉和利益。公益活动的内容包括社区服务、环境保护、帮助他人、知识传播、公共福利、社会援助、青年服务、社会治安、紧急援助、慈善、专业服务、文化艺术活动、社团活动、国际合作等。公益活动的开展不仅可以显示个人或组织关心社会公益事业、具备高度社会责任感的良好形象，更可以提高个人或组织的知名度和美誉度，比商业广告更具有说服力。

关于公益创业的概念，目前学术界对此还没有形成统一的认识，归纳来讲，主要形成有如下几种观点：第一种，从公益创业承担者的性质来看，公益创业拥有多种承担主体和多种形式，例如非营利企业、营利企业和政府等；第二种，从公益创业的运作方式来看，公益创业是把商业机制和市场竞争引入非营利性组织中，从而让这些组织能够更高效地运营和为社会提供服务；第三种，从公益创业的性质来看，公益创业具有公益性和商业性的双重特点，它一方面要采用商业化的方式创业，以创新性获得生存基础，另一方面又要解决社会问题并且为全社会创造效益，造福社会。总体来说，学者们在其概念的核心内涵方面的观点是基本一致的：公益创业是个人或社会组织等受到社会责任感的激发，为了追求创新、高效率、社会效果，以及满足社会需求，而建立起新的组织并向公众提供产品或服务的社会活动。公益创业既指在创业的过程中要兼顾社会利益，又指以社会目标为宗旨创办非营利性组织，其特征大致包括如下几方面。

（1）公益性。这是公益创业的首要特征，公益创业以解决社会问题为首要责任，具有强烈的社会责任感和使命感，坚持问题导向和民生导向。其公益性主要体现在组织目标的社会公益性，即公益创业的核心目标是为了解决社会问题，公益创业的最终产出是创造社会价值。

（2）创新性。创新是以新思维为特征的一种概念化过程。公益创业是以实现社会价值、解决社会问题为特殊使命的，这就决定了其需要在解决问题时比一般的商业创业更具有创新性。比如机会识别的创新性、产品和服务的创新性、解决问题方式的创新性、组织的创新性等。正如亨顿（Henton）所说：社会创业从根本上说是要创造新的价值，而不是简单的复制已经存在的组织或活动。只有不断创新，才能持续满足社会不断发展的公众需求。

（3）社会差异性。社会差异性广泛存在于人类生存的各个空间，人与人之间也因为生存环境、家庭背景、受教育程度等的不同而拥有不同的生理、心理差异，并衍生出多样化的需求。这种社会差异性的客观存在，就决定了公益创业的过程中需要考虑不同的文化背景、地域差异，只有与之相适宜，才能切实满足社会的需要。

（4）可持续发展性。组织要想实现可持续发展，必须运用商业运作模式和手段，完成自身循环，保证创业的有效和可持续发展，公益创业亦是如此。公益创业区别于传统慈善的重要一点就是其具有经营活动，需要运用商业机制参与市场竞争，以保证组织能够赢利，实现循环，只有这样才能更有效地解决社会问题，进而更好地服务于公众利益。

二、公益创业与商业创业

（一）公益创业与商业创业的区别

我们一般认为商业的本质是基于人们对价值的认识而进行的等价交换，

在这一过程中，组织提供给消费者所需要的物品或服务，而消费者会为这些物品或服务埋单。大多数情况下组织的商业行为是通过以高于成本的价格卖出产品或服务来实现盈利的。

创业是创业者及创业搭档对他们拥有的资源或通过努力对能够拥有的资源进行优化整合，从而创造出更大经济或社会价值的过程。创业是一种需要创业者及其创业搭档组织经营管理、运用服务、技术、器物作业的思考、推理和判断的行为。根据杰夫里·提蒙斯（Jeffry A. Timmons）所著的创业教育领域的经典教科书《创业创造》的定义：创业是一种思考、品行素质、杰出才干的行为方式，需要在方法上全盘考虑并拥有和谐的领导能力。

所谓商业创业，是为实现创业者自身利益最大化而进行创业的过程，简单来说就是需要使用一定的启动资金去实现更多的利润，商业创业的目的非常简单，即创造更多的经济价值，它与公益创业有较多方面的不同之处。

1. 组织性质

从组织性质方面来看，商业创业是投资者为了追求自身利益最大化从而进行的商业活动，其采用的组织性质是营利型组织，具体的组织形式有独资企业、合资企业、股份有限公司和有限责任公司等；而公益创业的组织性质是非营利型，或者营利与非营利的混合型，一般来说公益创业的运营目标不以获取利润为目的，但并不是说它不盈利，而是组织所得不为任何个人谋取私利，它是追求社会效益。

2. 运作模式

从资本来源上看，商业创业的资金来源主要是股东投资，而公益创业的资金来源除了股东投资以外，还有来自社会的捐赠、政府的补贴等；在营销定价策略方面，商业创业主要是在国家指导价格的基础上以市场形成价格为主；而公益创业大多是微利，甚至免费提供商品和服务；在劳动力使用方面，商业创业是按照国家法律规定聘用劳动者，而公益创业则是建立在志愿服务的基础上，劳动力价格普遍低于市场价格或无需支付劳动力价格；在利润分配方面，商业创业的利润需要向股东或所有者分配利润，而公益创业则不需要进行盈利分配或是进行有限的利润分配；在管理模式方面，商业创业是董事会、总经理、监事会三者相互约束，开展经营活动，而公益创业则是通过"社会责任使命—参与者意愿—受益人"模式开展公益活动。

3. 社会效益

商业创业以股东利益为核心，追求的是经济效益最大化，而公益创业是以社会使命为核心，追求社会效益或者兼顾社会效益与经济价值，当然商业创业所追求的经济效益也是需要以良好的社会效益口碑为前提的。从公众角度来看，公益创业的服务公众是特定的弱势群体，目的是帮扶弱势和缓解贫富分化，而商业创业的服务公众是任何与自己有关的内外部受众。

（二）公益创业与商业创业的联系

公益创业与商业创业既存在区别，又有密切的联系。公益创业不是纯粹的传统意义上的非营利组织，它是将商业企业经营管理的方式合理地运用于其中，使之成为一个可以盈利的机构，而盈利的目的是为了保障企业的持续运转，以达到可以持续完成社会使命、贡献社会责任的目的。我们可以把公益创业看作是公益事业的企业化，它将社会价值和经济价值有机地结合在一起，虽然以创造社会价值为主要目标，但在机构的资金来源和运行模式与管理方法上与企业有着千丝万缕的关系。商业企业是以追求利润最大化为根本目的，但是利润能实现最大化的前提是消费者承认并愿意为企业的产品或服务埋单，这就需要商业企业拥有良好的品牌形象，拥有广泛的知名度和较高的美誉度。因此对于大多数商业企业来说，企业的生存和发展是离不开公益事业的，这是提高企业品牌形象与知名度、美誉度的行之有效的渠道。换句话说，商业企业与公益企业是无法完全割裂开来看的，公益因素和经济因素是两种企业都追求的重要内容，只是公益成分在二者中所占的比例和重要程度不同。

例如举世闻名的微软公司创始人之一比尔·盖茨，他的商业创业经历是世界各大院校工商管理的范例，他本人也是无数青年学子心中的楷模。比尔·盖茨 1955 年出生于美国华盛顿州西雅图，父亲是一位律师，母亲是一位教师，他本人性格坚强，善于与人交往，独立性强。凭借丰富的想象力和从小对电脑游戏的热爱，13 岁便开始计算机编程设计，18 岁考入哈佛大学，19 岁时退学与同伴保罗·艾伦创办微软公司，担任微软公司董事长、CEO和首席软件设计师。2000 年，比尔·盖茨宣布不再担任该公司的首席执行官一职，以便从日常管理事务中抽身出来集中精力推进下一代视窗因特网平台及其服务工作。

比尔·盖茨凭借自己卓越的经营智慧使得商业名气名噪天下，他的公益创业之举更是他为世人称赞的重要方面。早在 1994 年，比尔·盖茨就曾在父亲的建议下拿出 9 400 万美元创立了威廉·盖茨基金会。比尔·盖茨曾声称他将不留一分钱给后代，并准备把自己95%的财富捐赠给慈善机构。1998 年，他向联合国人口基金会捐款 170 万美元用于发展中国家人口项目的技术和经验交流；1998 年，盖茨宣布他和他的夫人将为发展中国家的儿童免疫项目捐赠 1 亿美元；1999 年，盖茨向"国际艾滋病疫苗倡议研究组织"捐资 2 500 万美元用于艾滋病疫苗的研究，这是一家非营利性民间组织；2000 年，盖茨的基金会决定将在 5 年里向国际疫苗研究所捐赠 4 000 万美元，用于贫困国家防治霍乱、痢疾和伤寒。2000 年，比尔与梅琳达·盖茨基金会成立，这是由比尔·盖茨和梅琳达·盖茨夫妇资助的、全球最大的慈善基金会，2008 年比尔·盖茨捐出的 580 亿美元个人财产便是悉数捐到了此处。2020 年 1 月，基金会宣布提供 500 万美元紧急赠款并提供相应的技术和专家支持，用于帮助中国相关合作伙伴加速在新型冠状病毒感染的流行病学、应急干预实施和医药产品研发等方面的工作。同年 2 月，基金会宣布承诺投入最高 1 亿美元赠款用于支持全球应对 2019 新型冠状病毒疫情。2 个月后，比尔与梅琳达·盖茨基金会的首席执行官马克·苏兹曼（Mark Suzman）在官网发布声明，宣布向世卫组织追加 1.5 亿美元捐赠的决定，截至目前，基金会共支出约 17.5 亿美元用于 COVID-19 救助。

比尔与梅琳达·盖茨基金会虽然是一家慈善机构，但也是一家很会赚钱的基金会，盖茨基金在美国主要是投资旧经济中的一些企业，并以投资的"多样性"和"保守性"而闻名，惯用的手法是趁低吸纳、低进高出以实现盈利，其先后投资了多家公司，并大多属于短期投资项目，如美国政府债券、高等级商业票据及短期贴现债券等。

三、公益创业的组织形式

（一）基金会

1. 基金会的内涵与发展

正如前文提到的比尔与梅琳达·盖茨基金会，基金会对于我们来说并不陌生，基金会又称为慈善基金会，它是利用自然人、法人或其他组织捐赠的财产，以从事公益事业为目的，按照《基金会管理条例》规定而成立的非营利性法人。基金会分为面向公众募捐的基金会和不得面向公众募捐的基金会。公募基金会可以向社会公众开展募捐活动获得资金以从事公共事业，而非公募基金会则主要依靠接受特定对象的捐赠资金及其增值从事公益事业。基金会按照募捐的地域范围，分为全国性基金会和地方性基金会。根据《基金会管理条例》规定，基金会必须在民政部门登记方能合法运作，就其性质而言是一种民间非营利组织，但也是我国社会组织中的重要组成部分。

基金会取得成熟发展最早是在美国。美国基金会在 20 世纪后开始蓬勃发展，1900 年的卡耐基基金会和洛克菲勒基金会是最早成立的一批基金会中比较知名的两家。1936 年成立的福特基金会，由福特家族资助，拥有数十亿美元，项目遍布全球，影响范围很广。2000 年，比尔与梅琳达·盖茨基金会成立，成为全球最大的慈善基金会，旨在促进全球卫生和教育领域的平等。回看历史，世界著名的亚历山大图书馆和柏拉图学院都是以捐赠形式出现的公益机构，美国南北战争后的皮博迪教育基金，中国古代的义仓、义庄、义田等，都是基金会的雏形，他们的共同点在于其财产的来源出自各方捐赠，财产的公益用途明确，并且由明确的受托人负责财产的运作和公益理念的履行。

1981 年，我国第一家基金会成立。之后，随着社会发展和政府政策的变化，我国基金会也获得了长足发展，时至今日，我国已有基金会超 3 500 家，它们分散在我国的多个领域中进行项目运作，践行公益理念，促进社会发展。我国基金会行业发展大致经过了下面几个阶段。

（1）起步阶段。20 世纪 80 年代初，我国基金会经历了从无到有的过程，关于基金会的运作管理尚无相关法规。1981 年，全国的基金会仅为 7 家，其中 6 家是关注妇女儿童发展的公募基金会，另外一家为非公募的"华侨茶业发展研究基金会"。

（2）三重监管阶段。1988 年《基金会管理办法》出台，确立了三重监管制度，严格限制基金会发展；1995 年，中国人民银行下发了《关于进一步加强基金会管理的通知》，通知确立了对基金会从严审批和严格管理的政策，导致了接下来对民间组织进行清理整顿和重新登记工作。

（3）清理、整顿阶段。1996 年，中共中央办公厅、国务院联合下发《关于加强社会团体和民办非企业单位管理工作的通知》，开始对基金会进行清理、整顿。1995 年我国基金会数量是 484 家，而到 2003 年，我国的基金会也仅有 639 家，增速缓慢，而且大多数基金会的运营也几乎处于停顿状态。

（4）快速发展阶段。2004 年《基金会管理条例》出台，条例明确规范了基金会内部治理、财务会计制度和善款使用等内容，结束了长达 4 年之久的基金会法规的制定修改工作，也结束了长达 16 年之久的《基金会管理办法》的执行，迎来了中国民间公益基金会的新的历史阶段。由此，基金会发展速度加快，社会影响力进一步提升，从 2004 年的 720 家发展到数千家。近几年的政策变化进一步促进了非公募基金会的发展，全国很多省份下放基金会登记管理权限，在市县级民政部门就可以注册非公募基金会。我国基金会的活动领域也已经扩展到教育、医疗救助、扶贫助困、创业、公共安全等十多个领域，其中以教育领域首当其中，医疗救助、科学研究、扶贫助困、安全救灾等领域也较为突出。

《基金会管理条例》中规定，基金会应设立理事会和监事。理事会是基金会的决策机构，依法行使章程规定的职权；监事依照章程规定的程序检查基金会财务和会计资料，监督理事会遵守法律和章程的情况。如果基金会理事的个人利益与基金会利益发生关联，基金会理事不得参与相关事宜的决策；基金会理事及其近亲属不得与其所在的基金会产生任何交易行为，未在基金会担任专职工作的理事不得从基金会获取报酬。基金会监事及其近亲属不得与其所在的基金会产生任何交易行为，监事不得从基金会获取报酬。

2. **基金会财产的管理和使用**

基金会在组织募捐和接受捐赠的过程中必须要符合章程规定的宗旨和公益活动的业务范围。公募基金会组织募捐应当向社会公布募得资金后拟开展的公益活动和资金的详细使用计划。境外基金会代表机构不得在中国境内组织募捐、接受捐赠。基金会的财产及其他收入受法律保护，任何单位和个人不得私分、侵占和挪用。基金会应当按照合法、安全、有效的原则实现基金的保值、增值。公募基金会每年用于从事章程规定的公益事业支出的比例不得低于上一年总收入的 70%；非公募基金会每年用于从事章程规定的公益事业支出的比例不得低于上一年基金余额的 8%；基金会工作人员的工资福利和各类行政办公支出不得超过当年总支出的 10%。

基金会开展公益资助项目应当向社会公布所开展的公益资助项目的种类、申请和评审程序。也可以与受助人签订协议，约定资助方式、资助数额、资金用途和使用方式，并有权对资助的使用情况进行监督。如果受助人未按协议约定使用资助或者有其他违反协议的情形发生，基金会有权解除资助协议。

此外，基金会还应当执行国家统一的会计制度，依法进行会计核算，建立健全内部会计监督制度，并依法接受年度检查和来自捐赠人的监督。若存在各种违法或失职行为，将被依法追究刑事责任，或依法予以行政处罚或纪律处分。

（二）社会团体

1. 社会团体的定义和分类

社会团体是当代中国政治生活的重要组成部分。随着经济的发展、社会的进步，各类社会团体不断涌现，在政治建设、经济发展、社会进步、文化和生态文明建设方面都发挥着重要的作用，特别是在当前社会经济发展与和谐社会建设的关键时期，社会团体作为将政府与群众紧密联系在一起的纽带，在促进社会主义民主政治，提高科学决策水平，规范市场发展秩序，确保社会公平公正，加强各领域交流与发展等方面发挥着越来越显著的作用。

社会团体是基于成员的共同意愿，由人们自愿组成，并按照其章程开展活动的非营利性社会组织。根据社会团体的性质和任务，社会团体可以分为学术性、行业性、专业性和联合性 4 类。

（1）学术性社会团体。学术性社团一般以"学会"或"研究会"来命名，根据领域的不同可分为自然科学类社会团体、社会科学类社会团体及自然科学与社会科学的交叉科学类社会团体三种。学术性社会团体在推进社会和经济发展中发挥着不可小觑的"智囊团"作用，在实际运营中，若要充分发挥其作用，必须抓住"民主办会"这个关键，只有加强"民主办会"工作，才能促进学术性社会团体的健康、规范和有序发展。所谓民主办会是指该类社会团体在加强自身建设中，坚持以章程为核心，以会员为主体，以民主为途径，满足党和国家以及社会的需要，适应社会主义市场经济体制的要求，符合学术性社会团体活动规律，充满生机和活力。

（2）行业性社会团体。这类社会团体主要是经济性团体，具体又可分为农业类、工业类和商业类等，一般以某某协会的方式命名，包括工业协会、行业协会、商会等。

（3）专业性社会团体。这类社会团体一般是非经济类的，多以协会命名。它有两种组成情形：一种是由专业人员、职业人员组成，如中国医师协会等；另一种是以专业技术、专门资金为依托，为从事某项事业而成立的团体，如中国羽毛球协会等。专业性社团较侧重以专业实践为导向，重视实践和应用，并且与职业性结合得比较紧密，在社会组织的人力资源建设方面，不是主要为学术研究服务的，而是汇集从事具有明显职业背景的专业人才，如工程师、医师、律师、建筑师等，并为之提供社会服务。具体功能包括：开展专业课题研究，为政府部门提供决策建议；举办专业研讨会，宣传国家政策；开展职业培训，提高人力资源开发专业人员的素质；开展多种形式的专业国际交流；专业成果为企事业单位服务；拓展对企事业和人力资源从业者的专业服务等。

（4）联合性社会团体。这类社团主要有两类：一类是人群的联合体，如中华全国学生联合会、中华全国妇女联合会等；另一类是学术性、行业性、专业性团体的联合体，如中国科学技术协会、世界中医药学联合会等。联合性社会团体一般以联合会、联谊会、促进会来命名。

2. 社会团体的特征

社会团体的特征与其产生的时代背景和现实需要有密切的联系，具体说来，社会团体的特征主要包括以下几个方面。

（1）非政府性和非营利性。非政府性是指社会团体独立于政府而存在，其在组织形成、人员编制、财政来源、权力来源等诸多方面都存在显著的差异，非政府性是社会团体具有独立存在价值和研究意义的前提条件。非营利性是指社会团体不以营利为目的而从事各类活动，其应在章程的约束下开展活动并最大限度地满足和实现成员的正当合法利益。

（2）互益性。当自由经济发展到一定阶段时，企业规模的扩大极易带来行业的垄断，虽然垄断会给垄断企业带来垄断利润，但对于整个行业而言，垄断不利于该行业的整体和持续发展，而具有成员互益性的行业协会或其他社会团体便具有反垄断和维持生存环境的功能。比如在日本，一些行业协会负责给企业分配销售额，产品如果过剩则由行业协会出面关闭效益差的工厂，再由同行业其他工厂帮助这些厂家转产别的产品；当产品供不应求时，则由行业协会决定哪个厂家改建扩建，扩大生产。由此可见，正是行业协会之间的互益性，才使行业能够理性发展，不致盲目竞争从而走向垄断。

（3）公益性。"公共物品"具有消费的非竞争性和非排他性，因此通常不能由以营利为目的的商业企业提供，但也并非所有的都由政府来提供，当某一"公共物品"不宜由政府提供或者政府失灵的时候，人们对"公共物品"的需求就在一定程度上依赖于社会团体来提供。但行业协会、学会等一般仅在特殊的公共利益范围内具有公益性，其实质上就是上述社会团体互益性的表现。

（4）自愿性。在法律、法规规定的范围内，任何自然人、法人和其他组织及国家机关以外的组织，都有权依照自己的意愿依法组成各种社会团体，这是我国宪法赋予公民自由结社的权利，任何组织和个人不得对公民和组织的合法结社行为进行非法干预，个人和组织有决定自己是否加入某个社团或拒绝加入某个社团的权利，任何组织和个人不得强迫他人加入社团。

（5）合法性。法律是行为规则的底线，任何组织和个人都不得凌驾于法律之上。社会团体的成立和运行，也必须在法律的许可和规范之内。特别是社会团体的章程内容，必须与国家的法律制度与方针政策保持一致。社会团体的自身运作应当遵守自己的章程，不得违背章程规定及法律法规。

（6）代表性。社会团体的成立基础是人们基于自愿、根据自己的利益诉求或者兴趣爱好的集合。因此，一个社会团体代表了这个团体里所有会员的意志、愿望和诉求。

3. 社会团体的管理

按照我国《社会团体登记管理条例》中的相关规定，申请成立社会团体应当具备一定的条件，并经过业务主管单位的审查同意，由发起人向登记管理机关提交一系列的文件来申请筹备。登记管理机关自收到申请文件之日起60天内，做出是否批准筹备的决定。此外，社会团体登记事项和备案事项的变更及注销工作也应按照条例中的相关规定进行，必要时由登记管理机关向社会予以公告。

社会团体的内部治理结构包括权力机关、执行机关、监督机关、领导机关、分支机构和代表机构六个方面。权力机关是社会团体内的决策机构；领导机构主要是指会长、副会长、秘书长等组成人员；执行机构一般是指在秘书长下设置的职能部门、理事会下设置的专业委员会，以及会长办公室等；监督机构是指依据章程规定设立的行使监督理事会、常务理事会、领导机构和执行机构行为的机关，通常是监事会。

社会团体的运行与发展主要体现在自身建设上，社团想要长久良好的发展，必须在日常管理上下功夫，这方面与一般的企业运用并没有太大的区别，社会团体中也需要严格的会议制度、学习培训制度、请假制度、档案管理制度、印章管理制度、财务管理制度等。不同的是，政府对社会团体的发展给予了更多的支持和资助。随着社会的发展，近些年国家对社会团体的重视程度也逐渐提高，对社会团体的支持政策也有很多新的规定。例如：突出和强调社会团体在社会发展和社会建设中的特别作用，把社会团体的发展规划列入政府规划之中；强化财政补贴力度，给予社会团体发展更有力的支持；增加政府购买社会团体服务项目，将购买社会服务的资金列入年度预算，一方面可以让社会团体承接政府的一些职能，提高服务效率和质量；另一方面可以使社会团体得到更进一步的发展；增加对社会团体在财政、税收等方面的优惠政策，以此来解决公益类社会团体发展资金不足的问题，充分发挥其在社会发展方面的作用；建立公益孵化器，支持培育新兴社会团体。

（三）民办非企业单位

1. 民办非企业单位的定义

民办非企业单位是我国改革开放以来经济社会转型产生的新事物，1998年国务院颁布的《民办非企业单位登记管理暂行条例》中规定了其定义是指企事业单位、社会团体和其他社会力量以及公民个人利用非国有资产举办的、从事非营利性社会服务的社会组织。具有产权为社会所有、经营收入不能分红等重要特征。

（1）非营利性。非营利性是民办非企业单位区别于企业的一个基本特征。所有的企业，即使是服务类型的企业，其宗旨都是通过经营活动获取最大利润，营利是企业的出发点。而民办非企业单位则不同，其宗旨是向社会提供公益服务，通过自身的服务活动，促进社会的进步与发展，而非营利，社会公益性是民办非企业单位的最大特征。也正因为如此，国家才会在税收等方面对民办非企业单位实行一些特殊的减免政策。

（2）民间性。民间性是指它的举办主体是企业事业单位、社会团体和其他社会力量及公民个人，不是政府或政府部门，这种非政府性正是它区别于其他事业单位的主要特征。

（3）社会性。从资金来源上讲，民办非企业单位主要是利用非国有资产举办的，但它并不是排除国有资产的加入，而是不让国有资产占主导地位，从而突出其"民办"和"社会"的特征。民办非企业单位提供的服务具有社会事业的特点，其宗旨是追求不同范围、不同程度的公共利益和促进社会进步，这一性质体现在民办非企业单位的目的和宗旨上，也体现在其财务管理与财产分配体制上。企业的盈利可以在成员中进行分红，清算后的财产也可以在成员中进行分配，而民办非企业单位的盈余和清算后的剩余财产只能用于社会公益事业，不能在成员中分配。

（4）独立性。独立性是指民办非企业单位自主决定人员聘用、业务活动，不需机构编制管理部门核定编制。它存在的意义在于要提供一定的服务，而不是从属于其他社会团体的组织，是一个单独的组织。

（5）实体性。实体性是指民办非企业单位是由固定专业、固定场所和固定人员构成的一个单位实体，这与它的独立性特点是相联系的。

民办非企业单位已经成为沟通政府和社会的桥梁与纽带，成为解决社会问题、促进社会稳定与发展的重要力量，成为扩大国际交流与合作、增进友谊、促进发展的重要载体。民办非企业单位分布在社会各行各业中，每个领域都会产生和存在民办非企业单位，其主流分布在教育事业（如民办学校、民办培训中心等）、卫生事业（如民办诊所、疗养院等）、文化事业（如民办艺术表演团体、名人纪念馆等）、科技事业（如民办科学研究所、科技服务中心等）、体育事业（如民办体育馆、俱乐部等）、劳动事业（如民办职业培训学校、民办职业介绍所等）、民政事业（如民办福利院、民办社区服务中心等）、社会中介服务业（如民办信息咨询调查中心等）、法律服务业（如法律服务咨询中心等）以及其他方面。

2. 民办非企业单位的运行及政府支持

民办非企业单位按实体类型可分为法人型、合伙型和个体型三大类，其中合伙型和个体型的形式已经比较少见，法人型民办非企业单位是当前的主流形式，大致包括董事会、高级管理层及业务部门三个层次，在内部已经形成了包括理事会、监事会、高层管理人员等相互独立又相互制衡的格局，各部分各司其职，共同维系民办非企业单位的健康发展。

民办非企业单位的正常运行离不开物质资产的支持，其资金来源主要包括举办者出资、有偿服务收费、社会捐赠和政府拨款资助及国有资产的转移。民办非企业单位在提供服务的过程中可以通过适当收取服务费来抵消其成本费，若有盈余不能分红，但可以转化为资产。也可以通过将服务项目出售给政府来获得资金支持。另外，还有一种形式是事业单位改制成民办非企业单位，这种情况下其相关资产也可以转移，但相关政策会规定国有资产应占适当的比例。

虽然民办非企业单位的目的不是追逐利益，但是它可以通过开展一定的经营活动和参与市场竞争来适当收取服务费用以维护自身运营。具体方式包括出售相关产品来获得资金，主要针对有产品产出的民办非企业单位，这里所指的相关产品是指文化类表演的出场费、美术作品、刊物等文化类产品，而且这种形式也不能经常出现；第二类是提供有偿服务，比如民办福利院、养老院、幼儿园等服务类的民办非企业单位；第三类是和企业合作，利用企业的经营提高民办非企业单位的地位和形象，从而取得一定的利益；第四类是参与投资，由于民办非企业单位的盈余不能用于分红，那么这些资金就可以通过不影响公益项目的投资来获得更多的回报，从而更好地为社会公益事业作贡献。

随着民办非企业单位在社会发展中的地位和作用越来越突出，政府也加大了对民办非企业单位的扶持，通过采用各种政策和措施来促进民办非企业单位的发展。例如在税收方面，民办非企业单位的收入总额中一部分收入项目可以享受免税政策；在计算应纳税所得额时按照相关规定的范围和标准予以扣除工资、工会经费、职工福利、教育经费、医疗基金、养老和失业等保险基金及业务招待费；在就业再就业政策、社会公益政策、涉农和国家储备政策等方面享受营业税的税收优惠制度；此外，对非营利组织的城镇土地使用方面也规定了特殊的优惠政策。政府对民办非企业单位的扶持更重要的还是表现在资金资助方面，我们可以借鉴西方国家的做法：由政府提供部分资金给民间组织展开社会服务，既实现了政府对公共目标的期望，又壮大了民间组织的服务能力。在我国，政府可以通过委托经营、购买服务和补贴服务的形式，实施具体的、符合我国国情和各地实际的扶持办法。例如由政府出资提供研究经费，让民间专业组织来承办研究某些专项研究课题，可以起到各司其职、优势互补的效果。再比如政府对民间组织的服务提供补贴、合同、贷款或担保等多种形式的资助，以帮助民间组织渡过难关、平稳发展。

（四）社会企业

1. 社会企业的定义与特征

社会企业作为一种新型的社会组织，兴起于 20 世纪中后期，是一种有别于一般商业企业和传统非营利组织的特殊形式。社会企业旨在解决社会问题、增进公众福利，而非追求自身利润的最大化。社会企业的投资者拥有企业所有权，企业采用商业模式进行运作并获取资源，但投资者在收回投资之后不参与分红，而是将盈余再投资于企业或社区发展。英国社会企业联盟为社会企业提供了一个更为简单的定义，"运用商业手段，实现社会目的"，并认为社会企业具有如下共同特征。

第一，企业导向。社会企业直接参与市场运作和市场竞争，为市场生产产品或提供服务。与一般商业企业一样，社会企业在经济活动中也具有独立自主、自负盈亏的能力，并通过积极追求核心竞争力来获得可持续发展。

第二，社会目标。社会企业拥有明确的社会目标和环境目标，例如满足社会需要、创造就业机会、提供人员培训或提供本地服务、建立资本、推动可持续发展等。为了实现既定的社会目标，社会企业采取商业经营手法，所得利润不在股东之间分配，而是用于贡献社会或再投资。在员工构成上，志愿者在社会企业中的所占比例较大。

社会企业既能实现社会回报的最大化，同时又能够维持自我运营，由于其收益的大部分将重新投入到企业和慈善中，社会企业有可能在社会上进行同类复制，最终达到改变社会的目的。

2. 社会企业的产生与发展

英国是全球社会企业比较发达的国家，其中最具代表性的当属"HCT"，它于1982年由Hackney地区当地几个社会组织合力创办，经过20世纪90年代的持续发展，HCT成为了一个公认的客运培训中心，并在Hackney地区开创了一项新服务：为不方便使用现有公交路线的人们提供服务。2001年，HCT与伦敦运输局签订了主流路线合同，开始在伦敦经营153条公交线路，逐步成为一家真正的企业。经过几年的发展，HCT从一个仅有少数几名志愿者和两三辆小型巴士组成的小公司成长为一家拥有700多名员工、320多部车辆、9个客运站的大型社会企业。HCT集团既不想像慈善机构那样规避一切风险，又不想像商业企业那样纯粹以经济利益为主导，所以他们确保集团发展以服务社区为出发点，既像商业公司一样锐意进取，又始终把社会使命作为工作的绝对核心。

守护大地协会是日本最著名的社会企业之一，1975年，近300名农民和消费者参加了"守护大地协会"的成立大会。1977年，与协会并列的独立的农产品流通部门大地股份有限公司成立。股份有限公司的业务主要是宅配、批发、餐厅经营等，协会开展的活动主要是环保宣传、与食品有关的倡导、与居住有关的倡导等。作为同时拥有一个企业与协会的社会企业，大地公司一直秉持自己的理念，支持有机农业，致力于环境保护，创新消费者与生产者之间全新的流通模式，给人们带来了健康绿色的生活。

亚洲的发展中国家中最具代表性的社会企业模型当属孟加拉国的格莱珉银行，艰难起步、自力更生，格莱珉银行致力于为穷人提供适合他们的贷款，已经帮助超半数的借款人及其家庭摆脱贫困线，它的创办人也始终如一，以自己的经济学知识和对贫困者的深刻理解与同情，创造了格莱珉世界，帮助穷人摆脱贫困，看到改变生活、改变命运的希望。

在某种意义上，20世纪70年代中国的福利工厂就带有社会企业的性质，严格来讲，我国的社会企业萌芽于改革开放时期，经过艰难探索，在2015年社会创业的风潮下初步发展，并逐渐形成独特的中国模式。无论是社会企业的制度环境还是内部能力，近年来都有了极大的改善和提高。不过中国的社会企业远没有成熟和进入良性可造血的循环阶段，究其原因，一方面是在中国的社会观念中，"公益可以盈利"的观念还没有被广泛接受；另一方面，在还不太规范的市场环境中，社会企业要实现社会价值和商业价值是比较困难的。

2022年1月，上海交通大学、中国社会治理研究会与社会科学文献出版社首次发布《社会企业蓝皮书：中国社会企业发展研究报告（No.1）》。蓝皮书中指出中国社会企业具有多元法人性质，企业营收普遍存在收入有限的情况：有47%的社会企业处于盈亏平衡的状态；有35%的社会企业一直处于盈利状态；有18%的社会企业一直处于亏损状态。统计数据显示，社会企业多分布在四川、上海、广东、北京等地，其中分布在四川的比例最高。

尽管国际上对社会企业的认证已经形成了政府主导模式、社会主导模式、政社合作模式，但国内社会企业的认证仍停留在行业认证和地方认证阶段，社会企业发展仍面临合法性不足的难题。近年来，中国社会企业的发展初具规模，公众认识逐步提升，由第三方推动的社会企业认证可以成为当下社会企业发展的持续动力，为其整合资源提供合法性身份。中国社会企业的生态系统正在生成，社会企业生态系统的改善有赖于政策法规、融资方案、人力资源和支持机构四个方面的支撑。而社会企业的发展也会反哺环境，进一步促进第三次分配事业蓬勃发展，激活社区资源，促进社会创新，鼓励社会创业，推动社会经济发展和环境治理创新。北京、成都、顺德和杭州的社会企业已经取得了一定的发展成果，积累了较好的经验，这些经验包括但不限于良好的制度供给体系、先进的发展理念、协调的政社关系以及深厚的慈善文化与创新精神。社会企业的发展不仅需要政府的推动和努力，也需要社会企业自身强大、做好战略规划、建立核心竞争力。未来，社会企业的发展既面临挑战，又存在机遇。只有通过法治化、专业化、职业化等途径，构建起发展支持网络，平衡社会企业的商业和公益属性，才能更好地发挥治理效能。

四、公益创业的风险及规避

（一）公益创业风险的类别

创业风险是来自与创业活动有关因素的不确定性。在创业过程中，创业者要投入大量的人力、物力和财力，要引入和采用各种新的生产要素与市场资源，要建立或者对现有的组织结构、管理体制、业务流程、工作方法进行变革。在这一过程中由于创业环境的不确定性，创业机会和创业企业的复杂性以及创业者、创业团队与创业投资者的能力有限性等因素，必然会遇到各种意想不到的情况和各种困难，从而有可能使结果偏离创业的预期目标。只有正视创业风险，并正确识别、化解风险，才能在创业过程中沉着应对风险，取得创业的成功。

1. 公益创业风险的特征

（1）客观存在性。创业风险是客观存在的，并且是必然存在的。风险并不是一个贬义词，风险的存在可以使人们时刻保持警醒，也是企业发展和成长的驱动力，然而过高的风险对于企业的发展来说是具有危害性的。在创业的过程中，企业会面临资金问题、资源有限性问题、管理问题，以及研究判断的准确性和信任度问题，当风险在可控范围内时我们不能无视它，当风险超过预警线时，我们不能回避。正确的做法是正视它们的存在，并且积极地面对和处理这些风险。

（2）不确定性。影响创业成败的因素繁多，且大多数情况不以人的意志为转移，这些因素经常处于变化之中，且难以预知和控制，这也就造成了创业风险的不确定性。

（3）关联性。创业者的行为和决策与创业的结果是紧密相联的，创业的风险也并非相互独立的存在，而是牵一发而动全身的关系。同一事件对不同的创业者会产生不同的风险，同一创业者的不同策略也将导致不同程度的风险结果。

（4）损益双重性。我们看待任何事物都应用辩证的眼光来审视。创业风险的存在有其负面的影响，但如果能正确认识并加以充分利用，风险反而会带来收益。古语讲"祸兮福所倚，福兮祸所伏"，风险带来的影响不仅包含损失，而且还包含收益。风险越高，收益可能越大。

（5）可变性。任何事物都处于发展变化之中，风险也不例外。当创业的内外部条件发生变化时，必然会引起创业风险的变化。创业风险的可变性主要体现在创业过程中风险性质的变化、风险后果的变化及出现新的创业风险这三个方面。创业者只有顺应这些变化，并根据创业风险的可变性及时调整经营策略，才能及时化解各种创业风险。

2. 公益创业风险的类别

（1）按照风险来源的主客观性，创业风险可分为主观创业风险和客观创业风险。所谓主观创业风险，是指在创业阶段由于创业者的生理与心理等主观方面的因素而导致创业失败的可能性，如管理能力、身体疾病等。客观创业风险，是指由于创业阶段的客观因素而导致创业失败的可能性，如市场因素、政策变化、竞争对手的行为、创业资金缺乏等。

（2）按照风险的内容，可将创业风险划分为政治风险、经济风险、管理风险、技术风险、市场风险和生产风险。政治风险，是指由于战争、政策等因素而导致企业蒙受损失的可能性。经济风险，是指由于宏观经济环境发生较大变化而使企业蒙受损失的风险，如疫情期间，经济态势不佳，很多企业都受此影响。管理风险，是指管理运作过程中因信息不对称、管理不善等影响企业而产生的风险，如管理者的素质、组织结构、企业文化等因素。技术风险，是指在企业产品创新的过程中，因技术元素导致创新失败的可能性，包括原材料、生产设备、生产工艺及技术人员的获得。市场风险，是指市场主体从事经济活动时由于市场情况的不确定性导致企业盈利或亏损的可能性和不确定性。生产风险，是指创业企业提供的产品或服务从小批试制到大批生产的风险。

（3）创业活动需要经历一定的创业过程，一般来说，我们可以将创业过程分为四个阶段：识别与评估机会；准备与撰写创业计划；确定并获取创业资源以及新创企业管理。因此，按照创业的过程，创业风险可分为机会的识别与评估风险、准备与撰写创业计划风险、确定并获取创业资源风险和新创企业管理风险。机会的识别与评估风险是指在创业初期，当面临创业机会时，创业者需要进行机会识别与评估，但由于各种主客观因素，如果信息获取量不足或者信息把握不准确或推理偏误，将导致创业一开始就面临方向错误的风险。准备与撰写创业计划风险，是指在撰写创业计划时，创业计划是否合适将对具体的创业产生影响，也是决定是否投资的依据。此外，创业计划制定过程中的各种不确定性因素和制定者自身能力的限制也会给创业活动带来风险。确定并获取资源风险，是指在创业过程中如果无法获得所需的关键资源或获得成本较高，将会给创业活动带来一定风险。新创企业管理风险，与前文所述管理风险相似，这里不再赘述。

（二）公益创业风险的规避

识别风险是创业风险管理的第一步，也是创业风险管理的基础。只有正确识别出自身可能面临或已经身处的风险，创业者才能够选择适当有效的方法进行应对和处理，这不仅可以减轻企业的财务负担、有利于企业管理向规范化的方向发展，还有利于企业管理者综合素质的提高，让他们在识别风险、应对风险的过程中快速成长。

所谓风险规避是指通过计划的变更来消除风险或改变风险发生的条件，以达到保护企业免受风险影响的目标。但风险规避并不意味着风险能够被完全消除，我们要规避的也只是风险可能给我们造成的损失，降低损失发生的概率，如果损失已经发生，那就降低损失带来的危害程度。

1. 建立风险识别与控制机制

事先采取控制措施可以有效预防风险的发生，降低损失发生的概率。对于创业者来说，必须要具备足够的创业能力，包括抗压力、决策力、逻辑思维能力、想象力和创业生涯规划能力等。创业生涯规划是创业者对自己未来创业生涯的预期和计划，创业生涯规划能力直接影响了创业的成败，决定了创业的质量。创业生涯规划能力并非与生俱来，它是可以通过后天学习和培养来得以提升的。因此，对于创业者来说，有必要在加强学习的同时，结合自己的兴趣爱好、个人特点等制订一个长远可行且符合自身特点的创业生涯规划，从而确立明确的创业目标。当然，为了提高创业者的综合素质和应对风险的能力，政府或其他机构也有必要提供各种形式的创业培训及风险应对和咨询服务，提高创业者的创业能力，控制风险，提高企业创业期的存活率。

对于公益企业来说，身处复杂的商业背景下，既需要商业化来运作企业，又要防止企业过度商业化而失去公益初心，因此要尤其注意以下方面的风险防范工作：首先，公益创业组织要强化自己的创业初心，明确企业为了服务社会和完成社会使命，而商业化运作只是实现目标的手段而已。其次，政府需要对公益创业组织的运行进行必要的监督和管控，比如进行资产锁制度，确保公司的盈余和资产不得向成员分配。再比如加强对公益企业利益年报的审核，明确公益款项的去向。

2. 完善评估与反馈机制

当风险已经发生时，企业必须采取及时的手段降低风险带来的损失程度，风险之后还要对风险的发生及应对过程进行评估与反馈，建立风险预警机制，完善风险应对方案。对公益创业组织而言，公益创业兼顾社会目标和经济目标，更强调创新性。对公益创业组织的评价也应该包括社会和经济两方面，此外，也要对公益创业的影响机制和公益创业组织的可持续发展能力进行评估。

首先，对公益创业组织的绩效评价包括公益企业获得的经济利益和实现社会使命的效果两方面。具体可以从财务价值、社会目标价值、财务回报率、社会目标回报率等方面展开。其次，由于公益创业过程受到社会环境、资源获取状况、组织创新等多种因素的影响，因此对公益创业影响机制的评价也要考虑各种中介因素、调节因素及结果因素等多方面。对公益创业影响机制的评价和及时反馈，可以帮助企业准确找到自己的弱点，并在接下来的企业管理中有的放矢。最后，对公益创业组织可持续发展能力的评价要着眼于成员的满意度、资金是否充足、政府的支持程度、民众的参与程度以及企业适应环境变化的能力等。

风险识别与控制机制和评估与反馈机制是一个完整的评估系统，且处于不断的循环和发展当中，整个循环系统伴随着公益创业组织的整个发展与成长，以确保组织对创业风险能够进行有效的控制。

第二节　大学生公益创业的现状

一、大学生公益创业的意义

由于市场的逐利性，社会问题的解决难以依靠市场力量，而政府在处理社会问题时也难以面面俱到，这也就催生了当下众多社会公益组织的诞生，它们扶贫济弱，积极承担社会责任，积极为社会问题的解决提供处理方案并予以执行。这些社会公益组织中，以大学生为创业主体的公益创业组织正在不断发展壮大。

近些年来，大学毕业生人数持续增加，从 1997 年到 2018 年，全国高校毕业生人数从 83 万人一路飙升至 820 万人。据统计，2022 年大学生毕业的人数达到了 1 076 万人，首次突破了 1 000 万大关，比 2021 年同期增长了 176 万人，预计 2023 年全国普通高校毕业生规模将达 1 158 万人，同比增加 82 万人。大学毕业生的人数越来越多，加上最近几年的经济效益不好，就业形势愈发严峻。国家为应对这些情况也采取了各种措施，2014 年李克强总理提出要在 960 万平方公里土地上掀起"大众创业""草根创业"的新浪潮，形成"万众创新""人人创新"的新势态。之后，"大众创业、万众创新"的口号便号召和感染了越来越多的大学生，他们选择投身创新创业活动，以自主创业的方式实现就业。

然而对于绝大多数大学生而言，商业创业并非最佳的选择，因为商业创业的参与者众多，也就意味着想要在商业创业中站住脚，需要充足的资本、经验、人脉、个人素养才能与众多的竞争者抗衡。可是刚毕业的大学生才刚刚离开单纯的校园，人脉有限，也缺乏足够的创业经验，更没有足够的资金来源，这便为成功的商业创业设置了很大的阻碍。相比商业创业，公益创业更胜一筹。公益创业兼具公益性、创新性和市场导向性，能够将社会公益与商业创业融为一体，从市场不愿关注政府又无力关注的领域入手，竞争压力相对较小，入门门槛较低，对社会问题的关注使其更容易获得外界支持；同时它强调创新，也更适合智力处于发展高峰期，且涉世未深，又缺乏资金、人脉和经验的大学生创业者。

我国公益创业领域存在着巨大的发展潜力，公益创业事业在中国的发展前景美好而广阔，大学生投身公益创业事业也将大有可为。大学生公益创业不仅可以使自己实现就业，还可以为其他人带来就业机会，以缓解当前严峻的大学毕业生就业压力状况。从西方发达地区的数据来看，公益创业带来的就业机会可达到城镇就业总数的 10%。另一方面，大学生在参与公益创业的过程中还可以有效地提高自身素质和能力，不仅有利于理论知识的消化吸收，还有利于理论联系实际，有利于弥补传统高等教育的不足，促进大学生个人的成长成才，推动应用型高校的发展。除此之外，公益创业是以社会问题为出发点的，在一定程度上也有助于和谐社会的稳固构建和社会经济的增长。

二、大学生公益创业的困境

尽管大学生公益创业拥有众多优点和明显的优势，但是由于多方面原因的影响，大学生公益创业的优点和优势难以显现，大学生公益创业的进程遇到阻碍。

（一）创业主体的限制因素

大学生作为大学生公益创业的主体，自身有很多限制因素的存在制约了公益创业的开展和推广。

1. 对公益创业的认识不足，缺乏动机

虽然很多大学生都拥有很强的社会责任感，也参加过一些志愿服务和公益活动，但是对于公益创业的概念并不十分清晰，理解并不到位。一方面，虽然近年来高校纷纷开展创新创业教育，但对公益创业的宣传和教育力度仍然不足，使得大部分学生还是把创业目光锁定在难度较高的商业创业上，或因难度太大而彻底放弃创业之路；另一方面，大学生对于公益创业的感受可能仅仅停留在了公益活动上，认为这只是自己大学期间学习、科研、实习等大学主要活动内容之外的一种课外活动，或者认为公益创业的内容只能局限在支教、扶贫、环保宣传等传统方面，对公益创业的理解相对肤浅，缺乏有效的引导让学生挖掘公益创业更深层次的概念和意义，也没有把公益事业领域作为自己未来的发展方向。

2. 缺乏专业团队

公益创业涉及的领域繁多，包括但不限于养老、扶贫、环保、教育、医疗等方面，每个方面所包含的社会问题也是细微复杂多样，要妥善处理好各个领域的社会问题，仅靠散乱的个人是无法完成的，必须组建拥有合理组织架构、人才梯队和内部管理体系的专业团队，才能保证公益创业活动的顺利、高效开展。但目前，大多数大学生公益创业组织规模较小，成员数量较少，成员素质单一化严重，也缺乏专业的运营人才和管理人才，分工模糊、协调

能力差，使得公益创业组织在解决实际问题时心有余而力不足。尽管大学生有较充足的时间可以投入公益创业，但从长远角度来看，公司的运营和发展离不开专业人才的支撑和辅助，在公益创业的初期，大学生还需要专业团队提供人才和技术指导服务以完成平稳过渡。否则容易陷入专业性不强、工作效率低下、资金链断裂的恶性循环。

3. 创业资金不足

虽然公益创业对资金、人脉、经验的要求要比商业创业低，且竞争压力相对较小，但由于公益创业兼具经济目标和社会目标，因此要求公益创业者除了要有较强的社会责任感和奉献精神，还要懂商业运作模式。而在商业运作过程中，资金是难以避免的话题，再好的市场如果没有资金投入也难为无米之炊，创业资金不足是大学生公益创业的重要障碍之一。近年来，鼓励大学生创业的基金项目越来越多，比如为大学生创业提供的小额担保贷款，或低息、无息贷款等。然而这些贷款金额较小，条件较高，且由于大学生创业的还贷能力没有保证，加上公益创业项目本就有一定的风险性，因此，公益创业项目获得贷款支持的可能性较小，这一困境为大学生公益创业之路设置了很大的障碍。

（二）高校的限制因素

1. 对公益创业不够重视

公益创业在我国还是一个相对比较新颖的概念，由于没有突出的成功事例，也很难量化公益创业过程中对创业主体各方面能力的提升水平，因此公益创业在我国目前各高校内的重视程度还不太高，还存在教育组织模式单一、教育问题意识不强和教育价值失衡等方面的问题。有的学校完全没有与公益创业教育有关的课程内容，更不用说与公益创业有关的宣传、师资培训或资金和政策支持了；有的学生虽然表示自己在学校里接受过与公益创业有关的教育，但开课频率较低，大部分只上过一两次的课或听过相关讲座。

由于目前高校对公益创业教育还不够重视，因此大学生通过学校渠道可获得的公益创业教育非常有限，这也直接导致了大学生想进行公益创业时，缺乏相关知识和技能的支撑和辅助。

2. 未建立系统的公益创业教育体系

高校作为人才培养的基地，理应承担起公益创业的教育和引导责任，但由于公益创业在国内处于发展初期，对公益创业的认识尚浅，因此较少有高校将其纳入创业教育体系中，更谈不上课程设置、师资队伍建设等发展措施。许多高校未开设专门的公益创业教育课程，只是偶尔开设几场相关主题的讲座；有的学校虽然开设了公益创业教育课程，但只是一门任选课，授课效果不佳，也难以培养出足够的高质量的公益创业人才。

大学生参与公益创业的途径还局限于公益社团、社会实践等常规志愿活动，还不具备社会服务转型为公益创业的现实条件，而且只有较少的学校建立了创业实践基地，无法给学生提供公益创业实践平台。高校缺失对公益教育的顶层设计，也没有将公益创业纳入高校主流的创业教育体系，这是公益创业的一个很大的制约因素。

3. 公益创业教育的师资力量不足

教师是教育工作的主要承担者和推动者，教师质量的高低、学识的多少直接影响了学生的培养质量，我们想要发展大学生公益创业事业，就必须要有雄厚的公益创业教育师资力量为保障。我国公益创业起步较晚，2009 年才有了正式出版的教材，而且公益创业的成功案例不是很多，但是人们在评价公益创业教育时往往以大学生能否成功创业为标准，这使得许多高校对公益创业教育还停留在观望阶段，致使现在拥有公益创业教育经验的专职教师不多，有公益创业实践经历的老师更是少之又少。如此一来，学生能从老师那里获得的知识就更少了。不仅如此，学生社团或参加比赛的指导教师也并未起到应有的作用，使得以公益创业为主题的比赛项目或活动得不到科学合理的指导，大多情况下不了了之。虽然大多数学生对参加志愿服务或公益活动有很大的热情，但因缺少教师的专业指导与教育，使他们难以在日常参与的志愿服务或公益活动中发现机会并把握机会，难以将社会服务转化为公益创业项目。

（三）政府支持力度不足

从国外发达国家公益创业的发展过程来看，公益创业组织的发展离不开政策和法规的支持，例如英国法律专门为公益创业组织成立社区利益公司为其提供配套支持。我国的公益创业目前正处于起步发展阶段，虽然近些年政府针对大学生创新创业已经出台了一系列支持性政策，在公益创业方面的态度也比较积极，但部分政策不够完善，或仅仅停留在宣传层面，政府在公益组织发展中的主导性作用动力不足，对公益创业的帮扶力度也比较有限，公益项目的申报、阶段性投入等较少有相关政策支撑，企业在探索公益创业盈利模式的过程中也缺乏政策的重点和专门指导。

另一方面，我国对公益创业方面的法律法规也有待完善，对公益创业准入门槛的规定过于严苛。比如《社会团体登记管理条例》中在人员方面规定"有 50 个以上的个人会员或者 30 个以上的单位会员；个人会员、单位会员混合组成的，会员总数不得少于 50 个"；在资金规模方面规定"全国性的社会团体有 10 万元以上活动经费，地方性的社会团体和跨行政区域的社会团体有 3 万元以上活动资金"。而大学生创业团队规模往往比较小，人员分散，而且经济基础比较薄弱，所以很难达到条例中的标准，以致民政部门往往不予注册登记，或者要求法人为教师。没有合法的正式身份，其活动的开展也处处受限，因此，很多涉及大学生群体的公益创业扶持政策难以落实，加上大学生缺乏自身定位和专业指导，使大学生公益创业实践常常处于监管的空白地带，阻碍了大学生公益创业事业的发展。

（四）社会舆论氛围和支持体系薄弱

目前，大学生对公益创业表现出的热情与社会公众和舆论的支持之间还存在着较大的距离。受市场经济利益驱动的观念影响，有一部分民众的公益意识比较薄弱，社会责任感缺失，对公益事业不感兴趣也毫不关心；有的民众误将社会公益创业完全等同于普通的商业创业，认为"无商不奸"，对公益创业的社会意义和价值缺乏深入的了解，甚至持怀疑态度；也有一些不法之徒假借公益之名谋取个人私利，比如 2011 年的"郭美美事件"，或者未能承担起应尽职责，如 2020 年的"湖北红十字会事件"，以及一些明星、网红的诈捐、骗捐事件等一系列消极事件，导致民众对于公益组织的信任度下降，进而影响了人们对整个公益事业的态度和信心，最直接的后果就是红十字会收到的捐款数额大幅减少。足够的社会支持是公益事业发展的重要保障，如果缺乏社会民众的普遍认可与支持，公益创业之路也会变得更加艰辛。

综上所述，目前我国大学生公益创业面临着来自主体、高校、政府和社会诸多方面的现实困境。除了上述问题外，大学生公益创业的困境还包括如下方面：公益创业的主体及领导者以男性为主，但女性在创业中的优势力量不容忽视；公益创业组织有着较明显的区域分布差异，经济发达地区的公益创业事业发展明显更突出和快速；大学生的公益创业项目由于认识不全面、教育不充分、缺少优秀师资的指导以及缺少足够的启动资金，导致大多数项目仅停留在计划书层面，难以付诸实践。

第三节　大学生社会服务向公益创业转型的路径

一、大学生社会服务向公益创业转型的必要性

（一）公益创业需要大学生的支持和积极参与

公益创业是大学生创新创业的一个新的分支，对大学生来说，公益创业因其具有社会性、创新性和商业运作模式的特点而备受关注与追捧。大学生是社会发展的动力与希望，是和谐社会的建设主体，他们青春勃发，意气盎然，富于激情，有闯劲，有干劲，有强烈的社会责任感和使命感，对新生事物的接受度更强，并且渴望将自己的智慧和知识运用于创新创业中来解决社会问题，以实现自身价值。与此同时，大学生是我国社会服务志愿者队伍中数量最大的群体，也是活跃度和受关注度最高的群体，大学生需要公益创业来发展和证明自己的能力，公益创业也需要大学生的加入以获得更好地发展，二者互为供需关系。

当下，正值中国创新创业浪潮的兴起时期，整个社会对公益事业的需求增多，这也意味着更多的公益创业机遇蕴含其中。公益创业与商业创业相比有无可比拟的优越性，有得到认可和支持的更大可能性，有更积极的社会意义，大学生在公益创业领域的发展前景非常可观，必将大有可为。

（二）可以缓解当下紧张的就业供需压力

近年来急剧增加的大学生就业人数和当下的就业岗位数量之间逐渐形成了差距，尤其是受近几年的疫情影响，工作岗位数量紧缩，工作机会减少，就业压力激增，这种情况对于高校、社会及大学生本人来说都是非常不利的，由此也产生了一系列的连锁反应。比如对企业来说，可供选拔的候选人数增加，使企业的招募选拔标准不断提高，进而促成了学生的内卷严重，考研、考公、考编等的人数也纷纷上涨，录取成绩不断提高。此时便急需一种新的路径，既能起到适当缓解就业压力的作用，又能为社会的发展作出贡献，而公益创业便是这样的一条路径。

公益创业不仅可以为创业者提供工作机会，公益创业组织的运行还需要大量的工作人员，因此还可以面向社会为其他大学生提供一些工作岗位。而且公益创业与商业创业相比，创业的失败率相对较低，市场竞争压力较小，工作的稳定系数更高。

（三）弥补大学生公益社团活动的缺陷

当前大学生公益活动主要以社团为单位展开，比如高校内的青年志愿者协会或者校团委等，但社团的类型及公益活动项目的内容比较单一，很多大学生也只是参加了一次两次，很多活动也只是开展了一次两次便没有了下文，很难对服务对象产生持续性的影响。比如针对特定人群开展的心理帮扶；针对留守儿童开展的教育；针对空巢老人、失独老人的身体及心理关怀需求而开展的生活照顾或节日慰问、文娱表演；针对贫困地区开展的寒暑假的社会实践活动；等等。此类活动往往在系统设计和整体安排上不具有完备性和可持续性，甚至有的活动流于形式，无法从根本上解决服务对象的需求，更难以保证大学生参与公益活动的深入度和积极性。此外，大学生公益社团开展公益活动的资金来源多以一次性赞助为主，大多数是由企业、社会组织或政府等为获得冠名宣传等权益而对活动给予一定的物质或资金支持。这种资金来源渠道有限且很不稳定，难以保证项目的长期运转。而大学生公益创业可以很好地弥补公益社团活动的各种缺陷和不足，既可以保障服务项目的稳定持久，成熟的公益创业组织还可以获得稳定的资金来源，让服务对象可以获得不间断的救助和帮扶，真正体现公益的意义。

二、大学生社会服务向公益创业转型的典型案例

（一）国外经验

1. 美国

充足且自由的公益资金，可以自由成立非营利组织的政策空间，非营利组织的监督及评测体系，以及专业的管理人士的加入共同促成了公益创业在美国的盛行。美国公益创业的资金来源十分广泛，且公益创业团体和个人都可以不经过政府批准建立非营利组织，这些组织可以自行接受社会捐赠，并享受政府免税政策。一些非营利组织选择注册成为公司形式的社会团体，以赢得广大捐赠者的信任，从而吸引更多的资金；还有一些基金会则多采取信托的形式，将用于公益事业的资产或某个人的遗产进行管理和处分。

美国高校在推动创业研究和实践方面也起到了重要作用。1947 年，创业课程被引入哈佛大学，之后，在斯坦福大学、芝加哥大学等高校中相继开设了"公益创业"课程。2004 年，哈佛大学招收了首批公益创业专业博士生，引领了大学生创业的新方向，为社会培养了优秀的公益创业家，同时也促进了公益创业在全球范围内的传播与发展。

2. 欧洲

从法律意义上来看，许多欧洲国家将公益创业视为一种特殊的组织形态，它主要提供的是小众化的社会公共服务，主要创造的是社会效益，而且政府对此的资金支持力度很大。

2004 年，英国政府颁布的《公司（审计、调查和社区企业）法案》中确立了公益创业的合法地位，并提出通过减免税收等政策促进中小企业的发展，同时还建立了专门的创业管理机构来实现对创业教育的系统化管理，以及各种企业孵化器和相应的基金组织等来共同促进公益创业事业的发展。

在德国，政府和高校不仅联手逐步完善了大学的教授席位制度，还建立

起大学创业教育课程体系和相匹配的专业课程，共同促进了大学创业教育体系架构的完善。

（二）国内经验

公益创业在我国的初步推广始于 2009 年，后经过多方的共同努力，国内高校和慈善组织逐渐对公益创业表现出很大的热情，并且也普遍将关注的重点放在了大学生身上。大学生积极参与公益创业是勇于承担社会责任的表现，是一个国家和民族未来的希望。

国内高校在推动大学生公益创业的过程中起到了非常重要的推动作用，以高校为主体成立的公益组织和公益创业孵化器影响深远。2006 年，中国第一个以"公益创业"命名的大学生社团——"滴水恩"公益创业协会在湖南大学诞生；2007 年，·湖南大学成立了中国公益创业研究中心；2009 年，北京大学成立公益创业研究会；2010 年清华大学举办了"北极光—清华"全国大学生公益创业实践赛和"让志愿与微笑成为青年学生的习惯"首届全国大学生志愿公益论坛。之后，复旦大学公益创业基地、上海财经大学社会企业研究与发展中心等依托高校建立的社会公益创业研究、服务机构也先后成立；山东大学、中山大学、贵州大学、浙江师范大学等数十所高校都开始了公益创业的类似实践和探索；2014 年 1 月，由团中央等组织发起的"创青春"公益创业大赛覆盖了全国 2 200 多所高校。

在公益创业竞赛方面，2008 年，北京开展"零点大学生公益创业行动"；2009 年，"联想青年公益创业计划大赛""光华基金会公益创业行动""GSVC 全球社会创业大赛""广西师范大学公益创业实践大赛""香港理工大学社会责任挑战赛""香港社会企业挑战赛"等在全国各地纷纷展开；2010 年，"西南财经大学首届社会创新大赛""中国富强社会创业奖励大赛""浙江师范大学公益创业大赛""HNEC 湖南省公益创业实战赛"等赛事火热上线。

这些比赛中也不乏知名企业的赞助与支持，如"联想青年公益创业计划大赛"就是联想集团携手旅游卫视和腾讯网启动的，主要面向以大学生为主体的青年群体，同时还创办了"联想之星"公益创业培训班，对标培育科技型创业人才，重点扶持初创企业。除此之外，谷歌集团举办了第四届中国大学生公益创意大赛，得到了广大年轻大学生的积极参与；零点集团启动了大学生公益创业行动和"黑苹果青年"计划，为大学生的公益创业项目提供资金和技术培训等支持，大大推动了公益创业的发展。

三、大学生社会服务向公益创业转型的推进路径

（一）完善大学生公益创业的相关法律法规及政策

政府必须尽快出台并完善有关大学生公益创业的法律、法规及政策条款，以促进大学生公益创业的规范、持续及长远发展，保障其发展的有序性和活力性，使大学生公益创业有规可循、有法可依。

首先，基于我国公益创业还处于起步阶段，政府应当为公益创业组织制定专项法律，或者及时合理修改已有政策中与其良性发展相背离的地方，对大学生公益创业的性质、属性、权责等进行有效界定，明确行业准入的条件与要求，合理化准入门槛，赋予并认可大学生公益创业组织的身份，使大学生公益创业具有明晰的地位。另外，还要确定管理的归口职能部门，简化审批手续和环节，促使大学生公益创业组织逐渐形成规模，保障公益创业组织的合法权益得到维护，增强大学生公益创业组织的社会影响力和市场竞争力。

其次，政府应在税收等方面给予大学生公益创业组织一定的优惠，也可以设立一些支持性的奖励基金项目，提供多样化支持，减轻公益创业组织的发展压力，从而更有利于公益创业组织的发展。当然，在鼓励其发展的同时，还要加大政府的监督力度，以确保公益创业组织没有违背创业宗旨，没有从事不法行为，没有背离民众的信任与支持。

（二）提高大学生公益创业的素质和动机

大学生群体作为大学生公益创业的主体，直接影响了公益创业项目能否成立以及创业的效果，因此提高大学生在公益创业方面的素质与动机是推动大学生社会服务向公益创业转型的基础。

首先，大学生要加强自己在公益创业方面的理论知识学习与实践操作锻炼，不断提高自己的创业知识水平，以丰富的实践经验和理论知识水平作为成功创业的基础。与公益创业有关的理论知识非常广泛，不仅包括创业方面

的知识，还包括管理、营销、财务、创新、法律等多领域、多学科，因此大学生不能只对本专业熟练掌握，而应该涉猎广泛。

其次，大学生还要积极参与各种形式的创新创业竞赛，将比赛作为丰富实践经验的重要渠道，在实践中不断积累经验，修改创业策划书，提高自己分析问题、解决问题的能力。另外，比赛还可以为优质的参赛队伍提供资金鼓励，大学生还可以通过比赛广交朋友，拓展人脉，积累社会资源，为公益创业的落地打下基础。

最后，在新媒体时代，网络改变了人们的生活，也为公益创业的发展提供了便捷。大学生可以借助各种新媒体平台对自己的公益创业组织进行展示和宣传，或者将自己的公益创业成果予以公布，以寻求来自社会的资金支持。

（三）提高高校培养公益创业人才的能力

高校是大学生公益创业的摇篮，肩负着培养公益创业人才的重任，是公益事业发展的助推器，因此高校应当完善公益创业教育体系，将公益创业教育纳入课程教育体系中，不断提高培养公益创业人才的能力。

首先，高校要转变观念，主动深入了解公益创业。要认识到公益创业的优势和对大学生群体的重要性，认识到公益创业教育的重要性和紧迫性。高校要开设公益创业教育的必修课及选修课，还要根据学生的特点和需求，在创新创业比赛前开展针对性的培训。也可以组织各种公益创业知识讲座，邀请创业投资家、成功企业家、公益慈善家等不同领域专家担任创业指导导师。要激发学生对于公益创业的热情和动机，鼓励他们投身公益创业事业中。

其次，高校要开展教学改革研究，把公益创业教育作为人才培养的新模式。从根本上培养大学生的社会责任感和创新精神，将奉献、责任与创新作为课堂思政教育的一部分，重视对学生实践能力的引导，鼓励学生以公益项目参加创新创业竞赛。目前各地高校、企业和社会组织举办的各类创业大赛以及公益扶持行动在宣传公益创业理念、扶持大学生公益创业实践、提供资金支持方面得到了大学生的肯定并成功地激发了积极的参与动机，尤其是高校在其中的推动作用，不容忽视。以湖南大学为例，2007 年，湖南大学成立了湖南大学中国公益创业研究中心，组织编写了教材《公益创业学》，创建"滴水恩"——公益创业孵化器并采取公司化运作，创建公益创业门户——"中国公益创业网"、《大学生公益创业》杂志，并开办"产学研一体化"的公益创业教育项目，此外湖南大学"滴水恩"团队还组织和举办了 2009 年首届中国大学生公益创业年会、2010 年中国大学生公益创业论坛。

最后，高校要整合内外资源，打造一支高水平、高素质、高技能的公益创业教育师资队伍。要在着力培养自有专职教师的同时，积极引进外部优秀师资，联合其他高校的师资力量，聘请社会相关人士参与指导，共同促进师资队伍的建设与完善，为学生的公益创业活动提供支持和引导。

（四）形成公益创业的社会支持体系

公益事业的发展和公益创业的成功非一人之力所能及，而是需要社会各界的支持与帮助，除了前文提到的大学生自己、高校和政府的职责外，企业和商业机构、民众、媒体等都应发挥自己的能力，为大学生公益创业提供多元化的支持。

首先，要在全社会中形成良性的公益文化，要提高全体公民的公益意识和社会责任感，要形成积极支持公益事业的社会氛围，这是促成大学生公益创业顺利开展的重要保证和优质土壤。如果社会中人人冷漠，对于公益事业抱着一种"事不关己高高挂起"的消极态度，那么再优秀的公益创业组织也无法持久运行。

其次，其他商业企业也要积极承担相应的社会责任，可以以投资的眼光和出发点为大学生公益创业项目提供资金支持，也可以冠名比赛为大学生创业竞赛提供资金奖励，或者单纯地为大学生公益创业组织提供捐款。商业企业的这些资助不仅可以为大学生公益创业组织提供支持，也推动了我国公益事业的发展，更为自己树立了良好的企业形象。

最后，电视、报纸、网络等媒体也要发挥自身强大的话语和舆论力量，为大学生公益创业提供扩大宣传，营造和建立公益形象。尤其是新媒体流行的当下，网络的传播范围广，可以使公益品牌的注目率、知名度和美誉度迅速提升，同时也大大降低了公益创业品牌宣传的时间成本。

第四节　大学生社会服务转型公益
创业的社会支持体系

一、社会形成公益创业的有利环境

创业环境是创业活动成功与否及活跃程度的重要影响因素，正如花儿离不开土壤，公益创业事业的繁荣发展也离不开健康、优沃的公益土壤。创业环境包含的范围非常广泛，既包含企业文化、团队精神等企业内部微观环境，还包括政策环境、经济环境、社会环境等外部宏观环境。本部分主要探讨对于公益创业有重要滋养作用的外部宏观环境。

（一）政策环境

创业政策的作用是多方面的，在激励更多人参与创业的同时，也为这些创业者提供了积极的支持和不可逾越的边界。我们可以按照政策对环境的影响程度将创业环境分为政策环境和非政策环境，其中政策环境又可细分为政策直接环境和政策间接环境，前者指政策可以直接调节的因素，如市场环境等；后者指政策不能直接调节和影响的因素，如自然资源等。对大学生公益创业而言，良好的政策环境就是指要形成鼓励和支持大学生公益创业的氛围，通过组织、引导、支持、激励等引导性、扶持性和管理性政策措施形成积极有效的支持环境。

目前，我国支持大学生创业的政策体系初具规模。1999年《面向21世纪教育振兴行动计划》中对创业教育理念正式做出强调；2010年出台《教育部关于大力推进高等学校创新创业教育和大学生自主创业工作的意见》，指出创新创业教育是适应经济社会和国家发展战略需要而产生的一种教学理念与模式。此后，一系列创业教育相关政策出台，2015年，国务院印发《关于加快构建大众创业万众创新支撑平台的指导意见》，加快推进双创工程的脚步，加上政府对大学生创业的资金扶持政策、税费减免优惠、培训指导服务、创业实践基地建设以及工商注册程序的简化等一系列举措，大大推动了大学生的创业大潮。

大学生公益创业是大学生创业中的一个特殊领域，政府除了要为其提供与鼓励创业一样的政策支持以外，还要特别注意公益创业平台的搭建，以形成良好的政策环境。健康的创业平台是创业项目的土壤，可以促使其快速成长，抵御风险。目前创业平台主要有创业实践比赛、孵化器和创业园几种常见形式。大学生公益创业比赛自 2009 年开始，已发展了十余年，比赛多以高校为主体，但政府也在其中起到了支持和推动作用，使赛事规模逐渐扩大，影响力逐渐提高。近些年，陆续在很多创业比赛中加入了公益创业板块，将创业的流量引入公益领域，为创业者提供了展示的平台；孵化器、创业园也是公益创业平台搭建过程中不可缺少的环节，它同样需要多方参与和共同扶持，政府在其中发挥了重要的推动作用。公益孵化器、创业园是大学生公益创业项目的培育基地，可以为初创企业提供专业和完善的服务，帮助大学生公益创业组织提高创业初期的存活率。随着大学生参与公益创业热情的高涨，不论是参赛数量还是申请加入孵化的数量都有所增加。因此，在项目筛选的过程中，政府要充分发挥应有作用，选拔优势明显、有前途的项目并给予重点指导和政策扶持，以促进项目的成功，从而获得更好地效果。

（二）社会环境

虽然创业拥有较好的政策环境，但不可否认的是，我们尽管创业活动很活跃，但创业的水平却不高。由于创业主体的技术创新能力和成长前景较差，大部分企业成长缓慢，甚至还有一部分已经停止成长。大部分创业企业围绕的是服装、玩具、家具等低端层次，而围绕高新技术产品和创造新产品、新市场的机会性创业仅占 40%，远低于美国等发达国家的创业水平。公益创业的一大特点就是创新性，这也就意味着不能沉浸在低端层次的创业内容里，要提高公益创业的技术含量，才能经得住市场和社会的考验，对此，强调创新和鼓励创新的社会大环境就显得十分重要了。

公益创业的发展有较强的地域特征，经济发展快、思想相对前沿的地区，公益创业的发展势头更加强劲，因为这些地区会认识到公益创业的重要性，并为公益创业的发展提供信息支持、政策扶持、资金支持等必要条件，而且这些地区的民间资本也会更多地流向公益创业，也会有更多的人从公益创业中受益，形成良性循环。可见，全民拥有较高思想认识的社会大环境非常重要。

公益创业的发展离不开文化环境。良好的创业教育环境可以帮助创业者提升创业能力，从而更好地把握创业机会，增加创业的成功率。然而我国公益创业的文化氛围却存在很多不足之处：比如在我国的传统文化中，读书的好出路是从政，求得一份稳定的工作，而创业风险系数高，且由于对商人的刻板印象，使得公益创业的社会文化氛围寡淡。在这样的氛围下，家长对子女的创业教育和支持也是有限的，以至于大部分大学生的思想里缺乏创业意识，动机不足。公益创业的发展使传统思想与公益理念形成了对冲，因此，必须要打破传统文化环境的壁垒，才能形成有利于公益创业的社会文化环境。

二、高校发挥教育引导作用

高校开展大学生公益创业教育能够提升大学生的创业能力和综合素质，促进大学生公益创业意愿的产生，在大学生公益创业中起到了重要的推动作用。高校的教育引导作用主要体现在教育和引导两方面，具体说来，表现如下。

（一）建立完善的高校公益创业课程教育体系

2015 年，国务院正式下文将创新创业课程纳入国民教育体系，之后，各高校开始把创新创业课程作为整体课程体系中的重要组成部分列入专业人才培养方案中。大多数高校的创新创业课程采用的是基本理论和实践训练相结合的开课方式，且在制定人才培养方案时将创新创业教育设置为通识类必修课。然而目前开展的创新创业课主要以商业创业为主，对公益创业方面涉及较少。教育内容的缺失直接导致了大学生对公益创业相关知识的缺失，对公益创业的热情和动机不足，也没有认真思考是否要将公益创业纳入自己的职业生涯规划中。

公益创业对于培养学生的社会责任感和奉献服务意识非常重要，高校公益创业教育也是促进社会公益事业发展和培养公益人才的重要场所。因此高校有必要打破传统教育壁垒，紧跟国际形势，加强与国际、国内在公益创业方面发展较快较好的学校开展交流，促进公益创业教育的国际化和前沿化。同时，要将公益创业的知识纳入各类专业教学中，鼓励学生运用所学知识参与社会服务，在此基础上积极参加比赛，寻求公益创业的可能性。另外，高校还要加强专业师资队伍建设，加快不同专业和学科之间的整合，培养和打造一支高素质、专业化的公益创业导师队伍，对学生的公益项目进行指导和监督，共同促进我国公益事业的发展。

（二）支持高校公益社团的发展

高校公益社团是大学生公益创业的基础，是后备军，也是未来的发展希望，大多数成功的公益创业项目都是从公益社团一步步发展起来的。公益社团与普通社团相比，更重视创新性、实践性和公益性，而不是简单的兴趣所向，对于社团成员的素质、毅力、持久性和责任感等的要求也更高。因此，在选拔社团成员的过程中，高校要参与把关，要选拔具有一定的创业知识、创业技能和公益人格的学生加入并予以培养；对于各方面能力略有欠缺暂不能满足选拔条件的学生，要视其热情和动机，有选择性地提供学习和实践机会。学生加入之后，还需要根据人数和项目来组建多个大学生公益创业团队，团队成员不能简单随意搭配，而应既有共同性，又有互补性。共同性是指成员都要有良好的自我效能，有乐观、韧性的积极心理，有创业热情，有公益品格等，互补性是指成员在性格、专业、性别等方面要有一定的差别，便于在团队中承担各种角色。

高校还要鼓励和支持公益社团的各项活动，为他们配备专业的指导老师，对他们的公益活动和创业比赛予以指导和帮助；另外，由于学生的人脉和经验有限，因此高校还要主动为公益社团寻找公共需求，为公益社团与社会需求牵线搭桥，并监督项目的运行，不仅可以为学生提供公益实践机会，增加大学生公益创业成功的可能性，也可以为学校树立良好的公益品牌。

三、政府提供政策和法律保障

健全的政策和法律体系是保障创业活动的先决条件，政府在政策法规上应当给予公益创业，特别是对大学生公益创业更多的倾斜和支持。政府要在公益创业的组织合法性、组织结构、体制和组织规模，以及社会职能和活动形式等方面进行法律上的规范，还要进一步放宽门槛，提供必要的创业补助和项目支持，从而为公益创业提供更好的发展环境。

另一方面，政府要在完善大学生公益创业的政策扶持和专项法律的同时，规范大学生公益创业的监督和监察机制。要规范公益创业组织的资格审查机制，从根源上排除不当动机的团队和个人加入；要强化政府对公益创业组织运营的监督管理职能，确保公益创业组织资金来源和去向透明化，防止资金的不当流失；还要加强宣传教育，提高全体民众的监督意识，为民众提供针对公益创业组织操作和资金使用不当的监督和举报渠道，使公益创业组织始终处于阳光之下。

四、企业提供资金支持

其他商业企业虽然不是公益组织性质，但仍然需要主动地承担社会责任。商业企业在我国的占比较大，对国计民生的发展作用重大，在公益创业方面的作用也不可小觑。

前文提到公益创业组织的资金困难问题，虽然政府能为公益创业组织提供资金支持，但这种渠道的资金支持是有限的，此时就需要广大商业企业对大学生公益创业活动的支持。企业可以直接向看中的公益创业企业项目进行投资或采用合作开发的形式，也可以设置大学生公益创业补助或奖励基金，像大学奖学金一样，为前景突出、但当下受资金困扰的项目解囊相助，这也使企业间接地完成了公益项目，向社会兑现了社会责任。

企业还要加强与高校在大学生公益创业教育方面的合作，为大学生公益创业教育提供必要的实践、实训平台，或者为大学生公益创业教育提供有实践经验的企业讲师，对项目的开展和运营提供指导，充分发挥助力公益活动项目的重要参与力量。

五、媒体做好公益宣传

要想使整个社会形成公益创业的有利环境，塑造全民公益的文化氛围，促进企业对公益创业项目的支持与合作，媒体的宣传作用必不可少。公益创业宣传可以提高社会对公益创业的关注度，可以为大学生公益创业提供更为宽松的舆论氛围和积极的社会支持。

媒体作为大学生公益创业组织与公众之间的桥梁，媒体的宣传强度、宣传重点等将直接影响公众的关注重点和舆论导向。各大新闻媒体应当重点宣传大学生公益创业对于社会发展的重要性和紧迫性，要选取大学生公益创业的成功典型或优秀项目进行跟踪报道，可以通过纪录片、系列报道等形式提高公众对大学生公益创业的理解力和支持度。

就媒体宣传渠道而言，虽然创业的主体以大学生群体为主，但是公益活动涉及到的人群是不分年龄、不分地域的，因此应采用传统媒体与新媒体并存的方式广泛宣传。同时可以根据新媒体时代时间碎片化的特点，重点制作短视频或短文进行重点人群的针对性推送，提高相关信息在普通信息中的点击量、浏览量、点赞率和转发率。

此外，大学生公益创业组织也可以借助新媒体平台开展公益活动。如随着互联网的普及，众筹成为互联网时代非常具有代表性的融资方式，很多公益项目都是借助互联网平台发起众筹，实现起步。近年来随着新媒体事业的发展，公益项目又把资金渠道转向新媒体，例如抖音平台上会有很多扶贫、助残、养老助孤等公益项目的求助视频或公益活动。不过公益组织在借助互联网和新媒体开展公益活动时，必须要将资金来源与去向公开透明，打消捐助者的信任顾虑，建立良好的公益口碑，才能促进公益创业项目的持续健康发展。

第四章 总结与展望

大学生培训实践课程只是高校中众多实践实训课程的一种，其他专业的实践课程也可以按照培训实践课程的转化输出模式开展社会服务实践，并逐步向大学生公益创业转型。

目前，已经有很多高校和专业在这些方面做得非常好，完成度非常高，而且已经取得了较好的社会效益。例如云南民族大学2016年成立了民汉双语志愿服务队，每年寒假和暑假，服务队组成小分队分别前往云南11个人口较少民族和"直过民族"聚居区，用民汉双语进行政策宣讲和推广普通话，比如到拉祜族生活的山乡，用拉祜语和汉语为拉祜同胞宣讲国家各项政策，解读他们所不理解的事物。少数民族的学生通晓母语，也了解普通话，这是开展民汉双语志愿服务和教学实践工作的优势所在。而且云南民族大学民族文化学院中的中国少数民族语言文学专业包含汉、彝、哈尼、白、傣、壮、苗、傈僳、拉祜、佤、纳西、景颇、藏13个语言文学方向，是全国高校中开设少数民族语种专业最多的学院。因此，由他们组成的服务队相比其他队伍专业性更强，亲民性更高，可实现性和社会效益更有价值。

社会服务活动在具体开展的过程中也要注意形式和方式方法，单调枯燥的服务模式难以提起大家的兴趣，从而无法达到想要的效果，不仅是一种时间和资源上的浪费，也消耗了服务者的服务热情。如果由此让被服务者对社会服务工作产生了误解和抵触情绪，那将对后续服务工作的开展造成极大的阻碍和挑战。像云南民族大学以民族文化学院师生为主的志愿服务队在开展具体服务工作时，会通过开办夏（冬）令营、火塘夜校、国家通用语言文字夜校、梦想课堂等方式，帮助驻村扶贫工作队翻译民族语言，宣讲扶贫、环保、禁毒、防艾等政策。在教学方法方面，为了让村民们学会普通话，志愿者精心设计了教学方法，比如制作课件和音频、视频，模拟自我介绍、问路、购物、住宿、就医、就餐等语言情景，在玩中学，在学中玩；还将民族传统文化融入教学过程中，比如围着火塘跳民族舞、唱民族歌；此外，也借助了互联网时代的高新技术手段，教村民安装"语言扶贫"App，让他们学会使用普通话手机客户端，方便村民在服务队不在的时候可以随时随地学习普通话。在 2020 年抗击新冠病毒疫情期间，志愿者会把每天的疫情报道翻译成民族语言，用村里的喇叭进行广播，帮助村民及时了解疫情发展情况，做好自身防护。

云南民族大学民汉双语志愿服务队的服务效果非常突出，受到村干部和村民的热烈欢迎，他们评价志愿者讲的课"及时、鲜活、接地气、还想听"。除了课讲得好，服务队受欢迎的最主要原因还是为村干部和村民解决了实际问题，方便了大家的生活。比如此前村民外出打工，但由于不会说普通话而处处受阻。由于语言不通，与他人交流起来非常困难，东西也不会买，去医院也不知道该怎么跟医生描述病情。自从志愿者们教他们在手机上学习普通话后，他们的表达能力逐步提升，现在和别人交流已经没有问题了。村民们因为学会普通话而受到的益处远不止这些，学会普通话之后，村民开始更多地了解外面的世界，他们见到了服务队的大学生，也改变了当初不想让自己孩子外出念书的旧观念，这一服务项目间接推动了当地群众对子女教育问题的关注度，对当地控辍保学工作起到了很好地助推作用。服务效果除了在村民当中表现突出，对于参加社会服务的大学生来说，也是受益匪浅。不仅提升了专业知识，锻炼了业务能力，更学到了从书本上见不到、学不到的知识，比如被各民族的深厚文化所震撼，被各民族对自己的文化和信仰的敬畏与尊重所感动。目前，云南民族大学已将"民汉双语志愿服务"课程纳入了中国少数民族语言文学专业培养方案，引导学生将所学知识服务国家和民族发展，这便是大学生培训实践课程向大学生社会服务转化输出的成功案例。

要实现大学生社会服务向公益创业的成功转型，需要大学生自身拥有较高的创业动机和创业胜任能力，这是创业转型成功的重要基础，创业动机和创业胜任能力的获得需要大学生本人努力、高校教育、社会氛围的多重保障。由于本书中重点研究了外界因素，对于大学生创业动机和创业胜任能力等内部因素的研究较少，因此，这也是接下来笔者的重要研究方向。

有了创业动机和创业胜任能力等内部因素形成的坚实基础，再加上外界因素的辅助支持，大学生社会服务向公益创业的转型之路便更加顺畅。社会的有利氛围、高校的教育引导、政府的优惠政策和法律保障、企业的资金支持，以及媒体的公益宣传等，多方面共同组成了大学生社会服务向公益创业转型的社会支持系统，为大学生公益创业提供了政策、资金、宣传、教育等各方面的优惠和扶持。这不仅有利于拓宽就业途径，减轻大学生的就业压力，缓解公益人才短缺与大学生就业难之间的矛盾；还可以实现公益创业与大学生群体之间的供需互助；也可以弥补大学生公益社团活动和社会服务的自身缺陷。对于推动中国公益事业发展，促进社会和谐，提高人民幸福生活水平都有长远的意义。

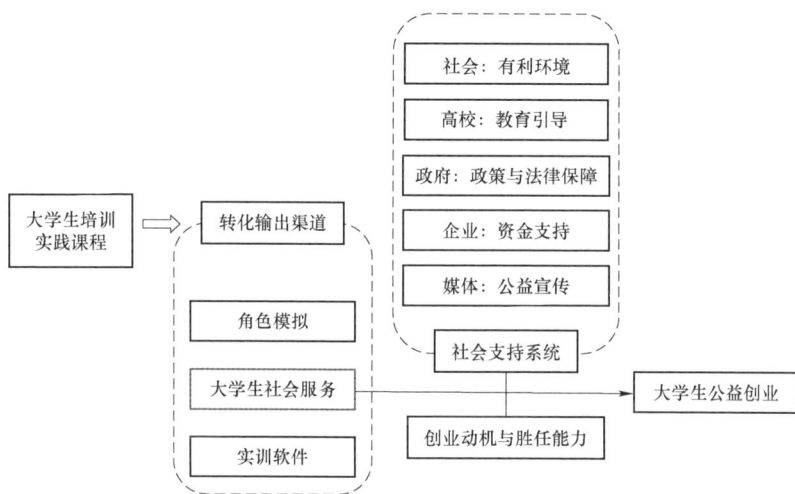

图 5　大学生培训实践课程与社会服务转型

参考文献

［1］ 习近平在全国高校思想政治工作会议上强调：把思想政治工作贯穿教育教学全过程开创我国高等教育事业发展新局面［N］. 人民日报，2016-12-09（1）.

［2］ 谭红岩，郭源源，王娟娟. 高校课程思政评估指标体系的构建与改进［J］. 教师教育研究，2020，32（5）：11-15.

［3］ 习近平在全国教育大会上强调坚持中国特色社会主义教育发展道路培养德智体美劳全面发展的社会主义建设者和接班人［EB/OL］.［2020-12-20］. http：//edu. people. com. cn/n1/2018/0911/c105330286253. html.

［4］ 李文文，徐祖迎，余绍华. 心理资本对大学生公益创业团队的重要性及其开发路径研究［J］. 佳木斯大学社会科学学报，2022，40（3）：72-75.

［5］ 高远，张德琴. "大众创业，万众创新"视阈下大学生公益创业研究［J］. 现代教育管理，2017（7）：119-123.

［6］ 夏海燕. 大学生创业者心理支持体系的社会建构研究［J］. 江苏高教，2017（3）：76-78.

［7］ 刘晓，张黎声. 高校专业课程思政环节与评估的原则导向［J］. 中医药管理杂志，2018，26（17）：4-7.

［8］ 吴秋萍，何乃柱. 公益创业类通识课融入课程思政的探索——以"大学生公益创业"为例［J］. 教育教学论坛，2022（13）：70-73.

［9］ Hamburg B A, Varenhorst B B. Peer Counseling in the Secondary Schools: A Community Mental Health Project for Youth［J］. American Journal of Orthopsychiatry, 1972, (4): 566-581.

［10］ 黄婧，何其鑫. 青年参与防疫志愿服务对完善基层社会治理体系机制的启示［J］. 产业与科技论坛，2022，21（3）：197-198.

［11］陈成文，胡睿钊. 青年：新时代基层社会治理的生力军［J］. 青年发展论坛，2022，32（1）：11-18.

［12］张丽芬，赖秋蓉. 数字网络时代社会工作服务模式的转型——以公共卫生服务为例［J］. 社会科学家，2021（9）：139-144.

［13］魏来，史孟君. 大学生公益社团向公益创业的转变：现状、困境及对策［J］. 沈阳工程学院学报（社会科学版），2021，17（1）：134-138.

［14］董晓绒，彭志荣. 浅谈青年志愿服务基层社会治理的优势、困境与出路——以广西大学生志愿服务西部计划为例［J］. 太原城市职业技术学院学报，2021（4）：14-16.

［15］张凯程. 抗击疫情之大学生志愿者线上一对一辅导服务案例［J］. 社会与公益，2020，11（8）：58-60.

［16］徐华，张家鹏. 用户画像技术与专业社会工作［J］. 社会工作与管理，2020（3）：50-56.

［17］陆春萍. "互联网＋"环境下社会组织的结构转型与治理［J］. 西北师大学报（社会科学版），2018，55（6）：120-127.

［18］朱志伟. 互联网＋社工：社会工作结构性关系的三重塑造［J］. 长白学刊，2017（5）：136-142.

［19］陈婉珍，何雪松. 大数据驱动的社会工作：前景与挑战［J］. 社会科学，2017（7）：74-81.

［20］卫宁，王伟才，吕罗伊莎. 大学生社会实践和志愿服务的现实困境及路径选择［J］. 知识经济，2016（24）：20-21.

［21］Zetino J, Mendoza N. Big Data and Its Utility in Social Work: Learning From the Big Data Revolution in Business and Healthcare［J］. Social Work in Public Health, 2019, 34(5): 409- 417.

［22］Chitat Chan, Steven Sek-yun Ngai. Utilizing Social Media for Social Work: Insights from Clients in Online Youth Services［J］. Journal of Social Work Practice, 2019, 33(2): 157- 172.

［23］Kurzman Paul A. The Current Status of Social Work Online and Distance Education［J］. Journal of Teaching in Social Work, 2019(39): 286-292.

［24］Jackie Rafferty, Jan Steyaert. Editorial, Social Work in the Digital Age［J］.

The British Journal of Social Work, 2009(39): 589-598.

[25] 王玲芝，杨须栋. 浅谈高校"课程思政"建设的意义［J］. 科技风，2019（34）：75-76.

[26] 叶先宝，林加扬. 公益创业的意义、困境及其发展思路［J］. 沈阳工程学院学报（社会科学版），2012，8（4）：464-466.

[27] 司勇，陈曦，仁泽中. 大学生公益创业孵化网络建设［J］. 中国高校科技，2019（12）：90-92.

[28] 翟勇刚. 公益创业——高校大学生公益社团转型发展新路径［J］. 广东轻工业职业技术学院学报，2018（2）：57-60.

[29] 张晓燕. 大学生志愿服务向公益创业转化的路径研究［J］. 管理观察，2018（25）：125-126.

[30] 唐亚阳. 公益创业学概论［M］. 长沙：湖南大学出版社，2009.

[31] 朱晓红. 公益创业理论与实践［M］. 北京：知识产权出版社，2020.

[32] 宋传颖. 高校朋辈心理辅导研究进展述评［J］. 当代教育理论与实践，2017，9（7）：109-112.

[33] 石芳华. 美国学校朋辈心理咨询述评［J］. 上海教育科研，2007（8）：52-55.

[34] 岳晓燕. 浅析朋辈教育在大学生就业指导工作中的运用［J］. 才智，2020（17）：165.

[35] 陶李. 朋辈辅导在大学生职业发展规划咨询平台建设中的实践与探索［J］. 长春大学学报，2019，29（8）：84-87.

[36] 林爱菊，朱秀微，王占仁. 大学生公益创业的现状、影响因素及培养途径［J］. 高等工程教育研究，2016（4）：99-104.

[37] 胥爱国，潘震. 大学生公益创业的现状、困境及对策［J］. 林区教学，2019（1）：22-24.

[38] 房俊东，陈明，施荣晓. 当代大学生公益创业现状与困境研究［J］. 高教学刊，2020（24）：46-48＋52.

[39] 应永胜. 大学生公益创业：国外经典模式分析与我国保障模式构建［J］. 宜宾学院学报，2017，17（2）：119-125.

[40] 杨蕾. 新冠肺炎疫情下线上社会工作服务研究［D］. 上海：华东理工

大学，2021.

［41］徐腾.社会工作者线上服务的困境与消解研究［D］.武汉：中南财经
政法大学，2021.

［42］保先迪.我国大学生志愿服务长效机制构建研究［D］.兰州：西北师
范大学，2020.

［43］刘源.美国大学社会服务职能的形成与确立［D］.沈阳：沈阳师范大
学，2016.

［44］朱慕春.大学生志愿服务发展的新趋势及路径研究［D］.徐州：中国
矿业大学，2021.

［45］张亚君.民国时期大学生社会服务活动研究（1912-1937）［D］.石家
庄：河北师范大学，2021.

［46］冯化雨.我国大学生志愿服务的主体价值和社会功能研究［D］.宜昌：
三峡大学，2020.

［47］李兵.国外社会服务发展历程及其启示［J］.中国民政，2011（3）：
24-27.

［48］熊文杰，夏明国.国外大学社会服务职能的源起、发展及对我国的启
示［J］.襄阳职业技术学院学报，2021，20（6）：127-131.

［49］向敏.政府和高校双主导型公益创业论［M］.北京：中国社会科学出
版社，2021.

［50］丁建定.社会服务导论［M］.武汉：华中科技大学出版社，2022.

［51］陈雅玲，夏新斌.大学生公益创业胜任力影响因素研究［J］.湖北开
放职业学院学报，2022，35（22）：23-25.

［52］徐进.透视大学生公益创业［J］.人力资源，2022（20）：102-104.

［53］徐向峰.大学生公益创业教育的实施困境与推进策略［J］.创新与创
业教育，2022，13（4）：109-113.

［54］徐进.新时代大学生公益创业发展路径创新研究［J］.无锡职业技术
学院学报，2022，21（4）：6-10.

［55］李文文，徐祖迎，余绍华.心理资本对大学生公益创业团队的重要性
及其开发路径研究［J］.佳木斯大学社会科学学报，2022，40（3）：
72-75.

［56］ 刘巍. 提升大学生公益创业胜任力［N］. 中国社会科学报，2021-11-18
（12）.

［57］ 苗江欢，熊天露. 大学生公益创业融入社会治理：逻辑、功能与进路
［J］. 云南社会主义学院学报，2021，23（3）：115-120.

［58］ 温雷雷. "双创"背景下大学生公益创业社会支持体系研究［J］. 教育
与职业，2021（8）：100-103.